Claude LEMESLE

CW01498041

L'art d'écrire une chanson

Préface de Allain Leprest

EYROLLES

L'art d'écrire une chanson

Édition Eyrolles
61, bd Saint-Germain
75240 Paris Cedex 05
www.editions-eyrolles.com

ISBN : 978-2-212-54563-0

Sommaire

Préface

Le mien, de père, il était menuisier. Il sifflait dans le sellier, cils, sourcils et cheveux couverts de sciure, au milieu des odeurs de colle, entre les gouges, les râpes, les rabots, les équerres, le crayon sur l'oreille. Et ça tournait, le bois ! Et ça tournait, la musique ! En bref, ça chantournait. C'est pourquoi j'écris avec humilité et un fort sentiment d'honneur ces quelques mots pour l'ami Lemesle.

J'ai eu vite le sentiment de recoller à la patte paternelle en me frottant aux mots, et naturellement, les chansons devinrent de ces objets aboutis à force de tenons, de mortaises, de colle, de clous-bijoux et de ponçage. Limes... rimes..., papiers de verre... papiers de vers... Ce travail qu'il faut accomplir pour en effacer toutes traces ! Comme si la chaise était l'enfant de l'arbre, et la chanson, celle de l'air du temps.

Cher maître menuisier, continue, crayon à la bouche, de te couvrir de la poussière dorée des choses, laisse-nous, sur ton établi, ce qui te chante. Je t'admire et tenais à le dire. Ah le joli métier !

Toute mon affection

Allain Leprest

« Aux couleurs de l'été indien… »

La chanson est une drôle d'alchimie et son succès reste un mystère. « L'été indien » en est un bon exemple. Je ne sais par quelle magie le charme opère depuis maintenant plus de trente ans mais force est de le constater. Mis à part quelques détracteurs réfractaires – dont les auteurs d'un ouvrage récent sur les « tubes de l'été » –, en général, les gens aiment bien cette chanson et, de génération en génération, semblent la plébisciter. C'est sans doute qu'il y a une harmonie très naturelle entre les mots, la musique et l'interprétation. Et pourtant, ce qui semble être un mariage très simplement réussi est en réalité, si je me rappelle bien la genèse de la chanson, le fruit d'un travail où l'expérience des deux auteurs a tenu une place importante. C'est pourquoi, j'ai eu envie de commencer ce petit livre, *a priori* plutôt technique, par ce slow de l'été 1975.

Au départ, une musique de Toto Cutugno, excellente, et une idée originale du compositeur : des couplets parlés et un refrain chanté… Deux paroliers sont chargés par Joe Dassin d'en écrire le texte : Pierre Delanoë et moi-même. Je propose à mon collaborateur des couplets évoquant un flash-back nostalgique, au passé, et un refrain, au futur, rappelant les promesses échangées à ce moment-là. Mon idée lui convient et il commence spontanément, au fil de la plume : « *Tu sais, je n'ai jamais été aussi heureux que ce matin-là…* » Quelques phrases plus loin, il lance : « *Là-bas, on l'appelle l'été indien…* » Pourquoi ? Parce qu'il lui revient qu'en octobre 1974, surpris par le temps superbe qu'il faisait à New York, il avait demandé à un chauffeur de taxi la raison de cette météo miraculeuse, ce à quoi le conducteur avait répondu, d'un ton d'évidence : « Mais, Monsieur, c'est l'été indien… »

Leçon n° 1 : ne jamais rien laisser passer

Tout est bon pour nourrir l'inspiration, et l'auteur, ce pillard honnête, doit prendre partout. Michel Audiard disait, d'ailleurs, que si les chauffeurs de taxi savaient ce qu'il leur devait, ils lui feraient payer deux fois le prix de la course… La phrase la plus anodine peut servir de pivot, de point d'appui à une chanson. Bécaud, par exemple, rencontre dans un avion une jeune actrice qui part voir son amoureux. Elle est toute heureuse… Le lendemain, voyage retour, la starlette fait grise mine : son ami a rompu. Gilbert lui parle, essaie de la consoler, l'invite à boire un café chez lui. Deux heures plus tard, elle le quitte, mal rassérénée avec ces mots banals : « Et maintenant, qu'est-ce que je vais faire ? » Tout autre que Bécaud aurait laissé passer cette phrase sans lui accorder la moindre importance… Monsieur cent mille volts, lui, se met au piano, commence une mélodie et appelle Pierre Delanoë. Vous connaissez la suite. Ne jamais rien laisser passer.

Mais revenons à notre chanson. « *Là-bas, on l'appelle l'été indien* », a donc écrit Pierre. Je réagis aussitôt : « *… mais c'était tout simplement le nôtre…* » Le contrepoint n'existe pas que dans la musique. Il peut être aussi très utile en matière de texte… Trouver la phrase parallèle ou cousine qui réduit, qui humanise ou qui amplifie, qui sublime. Un vers ne doit pas rester orphelin. Il en appelle d'autres qui le complètent ou le contredisent et, ce faisant, « titillent » l'âme. Exemple :

> *Je ne vis qu'elle était belle*
> *Qu'en sortant des grands bois sourds.*
> *« Soit, n'y pensons plus », dit-elle,*
> *Depuis, j'y pense toujours.*

« Vieille chanson du jeune temps », Victor Hugo, 1840

Leçon n° 2 : savoir décliner toutes les idées annexes qui peuvent jaillir de l'idée principale

Ne pas passer du coq à l'âne sous prétexte de rime ou de vagabondage littéraire. La rigueur n'est pas la raideur, la fantaisie et la poésie ne s'excluent pas l'une l'autre, bien au contraire :

> *Dire que si je suis barje*
> *Ce n'est que de tes yeux*
> *Car ils ont l'avantage*
> *D'être deux.*

« Mistral gagnant », Renaud, 1985

Ou bien, si je peux me permettre de me citer :

> *Elle faisait l'trottoir le long de l'église*
> *– Y'a bien des curés qui prient dans la rue...*

« La demoiselle de déshonneur », Claude Lemesle, 1970

Mais retrouvons la genèse de « L'été Indien » : « ... *Avec ta robe longue, tu ressemblais à une aquarelle de Marie Laurencin...* » Là aussi, la plume de Pierre a couru, simple et légère. Ça, c'est la grâce, ça n'a rien de technique, c'est chouette et inexplicable.

« ... *Et je me souviens très bien de ce que je t'ai dit ce matin-là...* » Delanoë ne sait absolument pas, justement, ce qui va se dire dans le refrain mais il se provoque, il s'oblige à trouver la suite, un peu comme lorsqu'il a écrit, pour Fugain : « *C'est un beau roman, c'est une belle histoire...* », et qu'il ne savait pas du tout ce dont il allait parler.

Leçon n° 3 : le principe de Perrault ou il était une fois

Amorcer la pompe, démarrer, écrire quelques mots qui, même banals, appellent une suite et rassurent car quelques cases sont déjà remplies.

« … *Ce matin-là…* » Quand ? Je prends le relais : « *Il y a un an, il y a un siècle, il y a une éternité…* »

Le temps est un élément important, sensible, qu'il faut savoir marquer. Là, je le fais avec une progression dramatique qui, dans la voix de Joe, me semble ne pas devoir laisser indifférent.

Vient le refrain. Je l'écris pratiquement de bout en bout (eh ! oui, Messieurs les auteurs du livre sur les tubes de l'été, c'est moi, le coupable !…) :

> *On ira*
> *Où tu voudras, quand tu voudras,*
> *Et l'on s'aimera encore*
> *Lorsque l'amour sera mort.*
> *Toute la vie*
> *Sera pareille à ce matin…*
>
> « L'été indien », Pierre Delanoë et Claude Lemesle, Toto Cutugno,
> Pallavicini, Losito et Ward, 1975

Cela coule tout seul et Pierre, censeur en général sévère, approuve. Plus tard, lorsque la chanson a eu le succès que l'on connaît, on m'a reproché l'extrême simplicité de ces quelques vers. Je crois cependant que mon collaborateur a eu raison de les entériner : ils collent en effet parfaitement à la musique et une formulation plus élaborée aurait sans doute moins convenu.

Leçon n° 4 : rester simple, naturel

Là, j'entends quelques dents grincer mais nous verrons dans un prochain chapitre l'évocation du sonnet d'Oronte. Se laisser aller à l'inspiration, même si le résultat ne semble pas *a priori* extrêmement inventif.

« … *Sera pareille à ce matin…* » Là, je déclare à Pierre : « Écoute, ton histoire d'été indien, c'est très intéressant, ça mérite mieux qu'une citation au milieu du premier couplet. Il faut absolument la caser à la fin du refrain car c'est notre titre. » Delanoë acquiesce mais nous ne trouvons pas la bonne formule. Les deux dernières phrases musicales se découpant ainsi :

1 2 3
1 2 3 4.

Nous ne lançons que des niaiseries, genre « c'est joli, l'été indien », j'en passe et des pires ! (Imaginez la joie de nos contempteurs si nous avions gardé ça !…)

C'est ici qu'intervient la fameuse scène, racontée dans un de ses livres par mon aîné hélas disparu, des caissons de vapeur à la thalasso de Deauville. Nous suons tous les deux, nus comme des limaces, dans des sortes d'œufs blancs qui constituent des saunas individuels. Et voilà que Pierre me dit, au beau milieu de notre cure de chaleur : « J'ai trouvé ! – Quoi ? – Non, tout à l'heure », me répond-il, entretenant un suspense un peu superflu.

Lorsque nous sortons des caissons, à poil et dégoulinants, il lance triomphalement : *« Aux couleurs de l'été indien. »* Le salaud, il a rajouté une note à la mélodie et ne s'est absolument pas soucié de la rime (avec « vie »). Mais il a eu évidemment raison. Les couleurs de l'été indien sont tellement belles, tellement évocatrices que c'était cela qu'il fallait dire.

Leçon n° 5 : n'être esclave ni de la métrique ni de la rime

On peut toujours rajouter un pied, on peut parfois ne pas rimer… Personne ne vous fera de procès. Ce qui compte, c'est ce qu'on a à dire. La forme doit obéir au fond.

Le second couplet s'écrit ensuite à quatre mains, sans grosses difficultés, avec quelques jolies trouvailles. Pour le terminer, j'inverse la formule qui concluait le premier : *« Il y a un an, il y a un siècle, il y a une éternité* » devient « *Il y a une éternité, il y a un siècle, il y a un an* ». Cette inversion, le temps qui se réduit cette fois à dimension humaine, prend, avant le second refrain, un caractère émouvant.

Leçon n° 6 : savoir réutiliser certaines formules en les faisant éventuellement évoluer

Ce sont des points de repère qui touchent et s'inscrivent dans la mémoire.

Voilà… Notre chanson est terminée. Nous rentrons à Paris après nos sueurs normandes et je suis chargé d'apporter notre bébé à Joe. Celui-ci – une fois n'est pas coutume – approuve avec enthousiasme dès la première écoute. Arrive Jacques Plait, l'excellent directeur artistique de notre interprète. Je lui dis le texte. Réaction immédiate : « C'est parfait ! Il faut juste changer deux choses : l'été indien parce que personne ne sait ce que c'est et Marie Laurencin parce que personne ne sait qui c'est. »

Avec tout le respect que je dois à sa perspicacité habituelle, j'essaie d'expliquer à Jacquot que cela va, justement, contribuer au charme de notre petite œuvre. Il se laisse convaincre…

Leçon n° 7 : même les meilleurs peuvent se tromper mais, en général, ils ne persévèrent pas

Aujourd'hui, l'expression « été indien » figure au Petit Larousse. Je vous jure qu'avant la chanson, on ne l'y trouvait pas. Marrant, non ?

Un mardi soir
chez Galabru

La chance ne se mérite qu'en aval, que si on la partage. On est redevable à la vie des privilèges qu'elle vous accorde et c'en est un, immense, de faire le métier qu'on aime. Tant et tant de gens ont des boulots qui les indiffèrent ou les dépriment, auxquels ils vaquent sans y prendre plaisir, sans autre motivation que celle d'assurer toujours le nécessaire, parfois le superflu, jamais l'essentiel. Pour un pilote, pour un ébéniste, pour un boulanger heureux, combien de professionnels par dépit ou par obligation, par manque de choix, par manque de chance. Tout le monde n'a pas l'opportunité de réaliser sa vocation, de concrétiser ses rêves. Allain Leprest l'a admirablement exprimé :

> *C'est peut-être Mozart, le goss' qui tambourine*
> *Des deux poings sur l'bazar des batteries de cuisine*
> *Jamais on le saura, l'autocar du collège*
> *Pass' pas par Opéra, raté pour le solfège.*

« C'est peut-être », Allain Leprest, Richard Galliano, 2002

Je l'avoue, je pense à eux souvent quand j'écris des chansons. De quelle passion ont-ils dû se passer, à quels eldorados ont-ils dû renoncer ?… Je vis depuis quarante ans mon rêve d'adolescent… et j'en vis ! Il n'est pas un matin où je ne me lève sans m'en étonner et sans remercier le ciel ou la quatrième feuille du trèfle… En profiter passivement, égoïstement, serait nul.

Essayer de rembourser à la vie la chance qu'elle m'a donnée

J'avais été frappé, en avril 1987, par la réponse de Michel Platini, à l'occasion d'une interview accordée au journal *L'Équipe*, lorsqu'il avait décidé d'arrêter de jouer. La dernière – excellente – question du journaliste avait été : « *Qu'allez-vous faire à présent ?* » L'ex-capitaine de l'équipe de France de football avait eu cette réflexion lumineuse : « *Maintenant ? Je vais essayer de rembourser à la vie la chance qu'elle m'a donnée.* » J'avais adoré cette formule et je me demandais comment je pourrais me l'appliquer.

C'est Alice Dona qui m'en a fourni l'occasion. À la fin de cette même année 1987, ma grande amie, magnifique interprète, compositrice inspirée de Serge Lama et de beaucoup d'autres, m'avait interpellé : « J'ai décidé d'ouvrir une école de chansons… Es-tu partant pour t'occuper des ateliers d'écriture ? »

J'avoue très sincèrement que je n'y avais jamais songé. Qui plus est, timide, peu enclin aux certitudes, je m'imaginais mal capable de transmettre ce que mes vingt ans d'artisanat m'avaient semblé m'apprendre.

Pas trop têtu, pourtant, et confiant dans les intuitions de mon amie, j'ai répondu que j'allais réfléchir. Après tout, pourquoi pas ?… Mes études supérieures de lettres en khâgne au lycée Henri IV m'avaient entraîné jusqu'aux portes de la rue d'Ulm, à l'orée du professorat. Alors, effectivement, pourquoi ne pas vérifier d'éventuelles capacités pédagogiques et tenter de transmettre ?…

Me voilà donc, un mardi soir de février 1988, face à une vingtaine d'auteurs-compositeurs, dans le cadre discret et sobre du théâtre Maubel, acheté récemment par Michel Galabru, rue de l'Armée d'Orient, à Montmartre. Je suis mort de trac. Que vais-je leur dire, que puis-je leur apprendre ?… Je sens qu'ils attendent beaucoup de moi et j'ai bien peur qu'ils ne se fassent des illusions !… J'écoute cependant leurs textes. Certains sont excellents déjà, rien à dire –

n'est-ce pas, Pascal Assy ? D'autres sont insuffisants, mal ficelés… Je commente, j'oriente. Alice a raison, je peux les aider.

Mais comment ?… Commence alors une longue réflexion sur la façon de transmettre l'artisanat à la fois simple et complexe de la chanson, cette alchimie subtile dont j'ai l'expérience sans avoir jamais trop cherché à en analyser le fonctionnement.

Deux vers de Brassens me reviennent en mémoire, deux vers du « Mauvais sujet repenti » :

> *L'avait l'don, c'est vrai, j'en conviens, l'avait l'génie*
> *Mais sans technique, un don n'est rien qu'un' sal' manie…*

« Le mauvais sujet repenti », Brassens, 1954

Je sais parfaitement que dans cette œuvre du grand Georges, il s'agit d'une péripatéticienne mais, réflexion faite, cela peut s'appliquer à tous les artisanats, y compris à celui que je pratique.

Cette fameuse technique, en effet, je l'ai apprise vers à vers, doute à doute, mais je ne l'ai pas apprise seul. J'ai eu la chance, la chance formidable, de travailler avec des hommes et des femmes qui m'ont permis de progresser car ils ont été pour moi, chacun à sa manière, des maîtres, des mentors, allez, n'hésitons pas à le dire, de grands professeurs.

Joe Dassin, tout d'abord, l'Américain perfectionniste, aussi pointilleux que mon examinateur de grec en khâgne, Maître Lacroix, dit « le Crukx », m'a familiarisé avec les rigueurs de l'accent tonique, les règles simples et essentielles du mariage des mots et de la musique, alors que, tout jeune chanteur « rive gauche », je ne m'en étais, ainsi que la plupart de mes semblables, jamais préoccupé. Je me satisfaisais, comme tous les pré-soixante-huitards armés d'une gratte espagnole et de certitudes juvéniles, d'avoir « quelque chose à dire », sans me soucier aucunement ni des mélodies, ni des accords, ni des rythmes sur lesquels je devais le faire. En plein boum des quatre scarabées de Liverpool, c'était tout de même bien léger, non ?

Pierre Delanoë, l'aîné bougon et génial, a longuement combattu mon péché mignon : un penchant majeur pour les jeux de mots dérisoires, les facilités artificielles, les nuances indiscernables, en martelant, tout au long de nos séances de travail, ces mots définitifs et paternels : « Trop subtil, Lemesle ! », en m'apprenant à aller à l'essentiel.

La fréquentation de Michel Sardou m'a enseigné l'aspect journalistique de la chanson : des idées, des idées, toujours des idées, concrètes et capables de toucher, de faire sourire, d'alimenter ou de susciter la colère, des personnages, des histoires.

Une de mes jeunes amies, Élisabeth Anaïs, auteure très douée et sachant se servir à la fois d'une fine intelligence et d'une sensibilité sensuellement féminine, m'a fait remarquer à quel point l'absence de sensations concrètes nuisait à la chanson française.

J'ai puisé dans mes rencontres avec Brel, Brassens, Béart, Aznavour et bien d'autres, mille trésors qui m'ont servi et peuvent, à leur tour, être utiles aux jeunes créateurs. Mille informations glanées aux rendez-vous de la chance, que j'ai eu envie de partager avec ceux qui n'avaient pas eu le bonheur de faire les mêmes rencontres.

Finalement, avec mon expérience et l'aide de ces grands témoins, j'ai pu les aider, ces jeunes pousses de la chanson, à grandir. Il est indiscutable qu'entre le moment où ils ont intégré l'atelier et celui où ils l'ont quitté, la majorité d'entre eux a beaucoup progressé. Que les sceptiques les interrogent. J'ai donc la faiblesse de penser que je leur ai été utile. De quelle façon ?... J'ai longtemps pensé qu'il était impossible de le confier à un livre mais j'ai enfin décidé de le faire car les ateliers ne peuvent évidemment toucher que peu de monde et il ne me semble pas absurde, aujourd'hui, de tenter la transmission écrite. Les résultats de l'atelier ne peuvent que m'y encourager ! Des dizaines de chansons écrites par des auteurs du groupe ont été enregistrées ou interprétées sur scène, à ce jour et en vrac, par Patrick Bruel, Isabelle Boulay, Gilbert Montagné, Serge Reggiani, Chanson plus Bifluorée, Anthony Chaplain, Marcel Amont, Lio, Alice Dona, Tristan Boccara, Isabelle

Aubret, Jean-Louis Foulquier, etc. Nathaniel Brendel commence une très belle carrière d'auteur chez Universal où il travaille pour beaucoup de jeunes artistes-maison. Axel Renoir, Nourith, Clarisse Lavanant, Veronica Antico ont fait, me semble-t-il, des débuts d'auteures-mélodistes interprètes très remarqués et prometteurs. Jean-Nô mène avec brio une très belle carrière dans le créneau difficile de la chanson pour enfants. Thierry Samitier est une des écritures les plus acérées et les plus brillantes du royaume des humoristes. Pascal Assy promène sa désinvolture classieuse et son humour délicieux dans bien des cafés-théâtres. Et puis, je ne peux ne pas évoquer « Les Stylomaniaques », vitrine scénique de l'atelier qui, pendant quelques années, a fait les belles nuits du « Cancan », un cabaret montmartrois, et promené ses plumes plurielles du « Mermoz » aux Francofolies. Beaucoup d'autres – je ne peux les citer tous ! – vivent de leur art. Dans les moments de doutes, cette pensée me rassérène : ce que j'ai tenté de leur apprendre y est peut-être pour quelque chose.

Tout s'apprend, tout se cultive, y compris la chanson

Pourquoi, d'ailleurs, la chanson serait-elle le seul art où rien ne s'apprend, où règne la génération spontanée, le génie absolu, le hasard majuscule ?… Je me souviens de Brassens me montrant son bureau, sa table de travail, rue Santos Dumont, et me murmurant, modeste et douloureux : « Tu sais, Claude, personne ne peut savoir à quel point c'est difficile, et de plus en plus !… » Comme il suait, Georges, sur son établi de mots, comme il nous rendait fiers, nous ses jeunes confrères, du travail qu'à notre tour, artisans besogneux et passionnés, nous allions devoir accomplir dans son sillage.

À relire les brouillons dont ce maître énorme a eu, un soir de décembre 1979, la générosité de me faire cadeau[1], je mesure l'impor-

---

1. Voir le cahier couleur.

tance du travail que lui ont coûté ses œuvres et les difficultés qu'il a rencontrées avant de nous offrir la limpidité des « Copains d'abord » et de « L'orage ».

Oui, n'en déplaise aux snobs, aux pseudo-connaisseurs et à la « branchouille » stérile, tout s'apprend, tout se cultive ; y compris la chanson, cet art primaire et essentiel, cette expression simple de l'âme.

« *Vingt fois sur le métier, remettez votre ouvrage* », a dit Boileau, expert sans indulgence. C'est certes vrai. Mis à part quelques génies surdoués comme Charles Trenet, il faut, à celui qui a l'ambition de devenir parolier, beaucoup d'humilité pour accepter que seules une longue patience et de nombreuses ratures puissent aboutir à ce petit miracle de quelques minutes.

C'est pourquoi, au-delà même du travail que l'on effectue en atelier et que je vais essayer de développer tout au long de ce livre, j'ai souhaité que les auteurs qui y participent aient d'autres interlocuteurs que moi, un autre son de cloche que le mien. En pas loin de vingt ans, les générations successives d'élèves – je trouve le mot inadapté, s'agissant d'ateliers d'auteurs, mais employons-le par commodité – ont pu dialoguer, dans le désordre, avec :

Des compositeurs : François Rauber, Jean-Pierre Bourtayre, Jacques Revaux, Alain Goraguer, Patrick Lemaître, Jean-Claude Petit, Christian Loigerot, François Bernheim, Henri Betti, Antoine Duhamel, Laurent Petitgirard, Gérard Calvi, Marcel Dadi, Christian Piget, etc.

Des auteurs : Pierre Delanoë, Jean Dréjac, Eddy Marnay, Michel Rivgauche, Étienne Roda-Gil, Jean Loup Dabadie, Pascal Sevran, Jacques Demarny, Didier Barbelivien, Jean-Michel Bériat, Charles Level, Élisabeth Anaïs, Boris Bergman, Sylvain Lebel, Jean-Marie Moreau, Jean-Max Rivière, Jean Fauque, Jean-Pierre Lang, etc.

Des auteurs-compositeurs-interprètes : Jean-Jacques Goldman, Guy Béart, Maxime Le Forestier, Francis Lemarque, Georges Moustaki,

Alain Souchon, Charles Aznavour, Yves Simon, Yves Duteil, Jean-Paul Dréau, Peter Hawkins.

Des compositeurs-interprètes : Michel Fugain, Gilbert Bécaud, Michel Legrand, Alice Dona, Gilbert Montagné, Henri Salvador, Alain Chamfort, Sacha Distel, Romain Didier, Joël Favreau.

Des auteurs-interprètes : Allain Leprest, Marcel Amont.

Des interprètes : Isabelle Aubret, Serge Reggiani, Carlos.

Des humoristes : Raymond Devos, Pascal Légitimus, Didier Bourdon, Lionel Rocheman.

Des directeurs artistiques : Jacques Plait, Gérard Mélet.

Des éditeurs : Gérard et Jean Davoust, Nicolas Galibert, Max Amphoux, Gérard Meys.

Différentes personnalités éminentes du métier : Jean-Michel Boris, Monique Le Marcis, Arlette Tabart, Jean-Louis Foulquier, Laurent Boyer, Jean-Loup Tournier, Gilbert et Maritie Carpentier, Philippe Albaret, Jean-Michel Brosseau, Bernard Brunet, Jean-Claude Karsenti.

du théâtre ou du cinéma : Louis-Michel Colla, Serge Korber.

de la nuit : François Patrice.

Et pardon aux quelques amis que j'ai pu oublier de citer. Il est difficile de rendre une telle liste exhaustive. Mais ils savent, eux aussi, à quel point je les remercie !...

Les rencontres avec tous ces intervenants ont été des moments privilégiés, riches d'émotions, et mes jeunes auteurs et moi avons pu nous nourrir de centaines d'informations dont je compte bien vous faire profiter, vous aussi.

Voilà donc l'idée : ne pas laisser l'expérience accumulée depuis plus de quarante ans mourir avec moi, le moment venu… Que la bibliothèque de ma mémoire ne brûle pas… Je vais essayer de vous livrer tout cela en vrac, dans le but d'être, si possible, utile, comme l'a si bien chanté Julien Clerc. J'ai l'intention de le faire très simplement. Je ne prétends absolument pas avoir la science infuse, juste de longues années de pratique et de bonnes fréquentations… N'attendez pas de ma part des recettes, il n'y en a pas. Mais si vous voulez bien cueillir quelques-uns des fruits de mon expérience, il n'est pas impossible que vous y trouviez des vitamines.

Inspiration, transpiration :
un faux débat, de vrais amis

Depuis presque vingt ans, donc, je tente, à travers les ateliers, de transmettre. Ce n'est en aucune façon de l'enseignement : qui pourrait se targuer, sans côtoyer le ridicule, d'être « professeur de chanson » ?... Non, il s'agit simplement de permettre aux jeunes auteurs, qui souffrent souvent de leur isolement, de gagner du temps.

La poésie : « un don ou un métier » ?

Il arrive que certains se montrent rétifs au projet : « Je ne vois pas ce que je fais ici... Moi, je n'écris que lorsque j'ai l'inspiration ! » Drôle de propos de la part de quelqu'un que personne n'a obligé à s'inscrire, qui est venu, en principe, de son plein gré participer à ce genre d'activité. Une poignée de néophytes pense donc sans doute que la chanson est un don absolu pour quelques *happy few* et que « rien ne sert de souffrir, il faut rimer à point ». Que n'ont-ils lu Musset : *« Fille de la douleur, harmonie, harmonie ! »* ou Roger Caillois :

« On dispute encore pour savoir si la poésie est un don ou un métier. On fixe l'alternative : inspiration ou application sans consentir à s'apercevoir que l'une résulte de l'autre. On définit volontiers le poète comme un homme favorisé par l'inspiration et on est embarrassé pour dire d'où

vient celle-ci qui semble descendre sur ses élus du haut d'un firmament mystérieux. Elle leur accorderait le don de poésie sans qu'ils eussent jamais rien fait pour le mériter. C'est le contraire qui est vrai : l'inspiration est créée par le poète et non le poète par l'inspiration. Il y a chez le poète une continuelle tension vers la poésie. Il s'y essaie généralement sans succès. Un jour cependant, ses efforts jusque-là malheureux donnent leurs fruits. Il est le premier étonné de cette brusque fortune et pour un peu crierait au miracle, persuadé qu'une grâce surnaturelle vient de le visiter. Elle ne visite que ceux qui ont beaucoup travaillé. »

Cet extrait d'*Approche de la poésie* est corroboré par des créateurs majeurs, tel Maurice Ravel : « *L'inspiration n'est que la récompense du travail quotidien.* » ou Federico Garcia Lorca : « *S'il est vrai que je suis poète par la grâce de Dieu – ou du diable –, je le suis aussi par la grâce de la technique et de l'effort.* » Dans le domaine qui est le nôtre, écoutons Jacques Brel : « *Le talent, c'est avoir envie de réaliser un rêve. Tout le restant, c'est de la sueur, du travail, de la discipline.* »

Le problème, c'est qu'il existe dans la chanson des accidents trompeurs, des petits miracles qui, comme tous les évènements dignes de ce label, ne se reproduisent pas. Et c'est vrai qu'on peut une fois, par hasard, écrire une très bonne chanson sans effort, au fil de la plume, guidé par je ne sais quelle main mystérieuse. Rassurez-vous, jeunes gens, jeunes filles, cet accès direct à l'excellence ne se répète en général plus jamais. Il est d'ailleurs à remarquer que cela survient presque toujours au tout début d'une carrière comme pour confirmer la maxime : « *Aux innocents, les mains pleines.* » S'il vous échoit la chance de continuer à écrire des chansons, si vous avez le privilège inouï d'en faire votre métier, vous allez en baver et partager à votre tour les doutes de Jacques Brel, d'Alain Souchon et de beaucoup d'autres. Oui, vous allez souffrir, et heureusement !…

La facilité est mauvaise conseillère

C'est une maîtresse molle qui vous passe tout. Il faut, pour aller chercher au fond de soi le meilleur, lui résister. C'est en cela que transpiration et inspiration sont complémentaires. Écoutons Braque : *« J'aime la forme qui corrige l'émotion. »* Or, c'est le travail qui détermine la forme et qui finit par donner à l'émotion purement personnelle du créateur un caractère universel. Le sculpteur, le peintre, le compositeur, le poète utilisent toutes les armes de leur technique pour donner à l'œuvre, dans sa mouture définitive, les apparences d'un jaillissement spontané malgré tout le temps passé. Stravinski dit : *« La nécessité d'une contrainte délibérément acceptée prend sa source dans les profondeurs même de notre nature. C'est le besoin d'un ordre sans lequel rien ne se fait et avec la disparition duquel tout se désagrège. On aurait tort d'y voir une entrave à la liberté, laquelle est juste empêchée de devenir licence... »*

Christian Paccoud, en septembre 2001, présentant le festival *« On n'est pas des vedettes »*, confirme : *« Le vrai poète est celui qui mâche son poème, pas celui qui attend l'inspiration dans une chaise longue en espérant que Dieu pose sa lumière sur la feuille de papier blanche. »* Et Allain Leprest, sans doute un des seuls génies de la chanson actuelle, renchérit : *« ...Un texte au labeur gommé, une musique tressée à sa mesure, la voix et l'aisance qui nous les servent simplement. Comme bonjour, comme un travail abouti qui nous conduit à oublier que la chanson, c'est du boulot ! »*

Oui, Brel a raison quand il affirme : *« Le talent, c'est du travail qui ne se voit pas. »* Invisible, certes, mais, souvent, quel travail !... Et je ne suis pas loin de penser, comme Jean-Louis Murat : *« L'inspiration ? Un truc inventé par des branleurs sans talent. Je ne l'attends jamais, l'inspiration, elle vient avec le travail et la discipline[1]. »*

---

1. Interview donnée au *Journal du dimanche*, avril 2006.

Remplir quotidiennement sa longue et lourde tâche…

Il faut que le créateur, humble, toujours, soit prêt à remplir quotidiennement sa longue et lourde tâche, ainsi que l'a écrit Alfred de Vigny.

Tenez… Imaginons Zola. Voilà un homme qui a conçu l'immense projet de raconter à ses contemporains et aux générations futures l'histoire d'une famille sous le Second Empire : *Les Rougon-Macquart*. Suivons-le, ce cher Émile, petit-déjeuner pris et toilette faite, dans son appartement de la rue de Bruxelles ou dans sa maison de Médan. Va-t-il, les doigts de pieds en éventail, les lèvres délicieusement rivées à un Havane matinal, attendre dans la moiteur bourgeoise de son bureau que la foudre inspiratrice daigne descendre sur son front large et serein ?… Son ouvrage de vingt volumes va-t-il se construire au gré des caprices de la muse, un jour deux lignes, un jour trois pages, un autre rien ?…

Impossible ! Car même dans le cas où le maître deviendrait centenaire – ce qui, hélas, ne sera pas le cas –, l'œuvre définitive n'atteindrait pas la moitié du quart de *Thérèse Raquin* !

Alors il se met au travail, tout simplement. Armé de ses notes – car il a accompli une exploration très minutieuse du milieu qui va servir de cadre à son roman –, il avance, écrit, rature, recommence, cherche la meilleure formule, le verbe le plus juste, il sculpte ses phrases dans son style à la fois lyrique et puissant. Face à lui, comme un encouragement, comme un défi, la maxime latine qu'il a affichée, bien en vue, dans son antre de travail : *Nulla dies sine linea*, c'est-à-dire : « *Pas un jour sans une ligne.* »

Et qui dira que Zola n'est pas un écrivain inspiré ? On peut, bien sûr, ne pas l'aimer – certains ne s'en sont pas privés de son vivant, d'autres persistent encore ! –, mais on ne peut pas contester le souffle qui anime sa plume. Il suffit de relire, par exemple, la description du jardin dans *La faute de l'abbé Mouret* ou celle des halles dans *Le ventre de Paris*… Cependant, cette effervescence lyrique est le fruit d'un énorme travail, d'un vrai labeur. Oui, l'auteur de *Germinal* est un bon exemple.

Qui ne se souvient de la réponse magnifique de Picasso à un admirateur qui lui demandait combien de temps il avait passé sur la toile qu'il venait de terminer : « *Cinquante ans et deux heures* » ? Reggiani, qui connaissait bien le peintre, nous a raconté en séminaire qu'il l'avait vu dessiner je ne sais combien de fois une colombe, commande qu'on lui avait passée pour symboliser la paix. Il en faisait une esquisse, la jetait, essayait une autre qu'il peaufinait puis bazardait, et ainsi de suite jusqu'à ce qu'il trouve la forme idéale.

Non, vraiment, le travail, l'application, comme disait Caillois, ne sont pas les ennemis de l'authenticité à laquelle nous aspirons tous. Au contraire, ils y concourent. Eh ! oui, cher Boileau, « *Vingt fois sur le métier… * »

Brassens, pour revenir à la chanson, ne faisait pas autrement. Il commençait par noter quelques phrases sur une feuille volante autour d'une idée qui lui était venue. Pour « Le testament », par exemple, il disait avoir trouvé avant tout le reste « *la tombe buissonnière* », « *le chrysanthème qui est la marguerite des morts* », « *partir pour l'autre monde par le chemin des écoliers* ». Ensuite, affirmait-il, « *je cherche, je cherche, je cherche, je creuse, je creuse, je fouille* ». Et il ajoutait : « *Au fond pour moi, une chanson tourne autour de quelques formules et le reste, c'est de la littérature pour faire joli.* » Lorsqu'on observe ses brouillons, on est frappé par le nombre de feuillets consacrés à un seul texte. Cela se compte par dizaines. En effet, Georges n'aimait pas les ratures et il recopiait donc, à chaque nouvelle version, ce qui lui plaisait dans la précédente tout en faisant évoluer ou en changeant radicalement le reste. Au dernier stade, il peaufinait les mots en les scandant sur sa musique et le rythme que ceux-ci lui inspiraient. C'est ce labeur patient, consciencieux qui lui permettait d'aboutir au tout dernier feuillet, à la version définitive si limpide qu'elle semblait lui être venue sans effort.

Guy Béart, qui m'a récemment fait l'honneur de me demander de l'aider à choisir entre les différentes versions de ses nouvelles œuvres, est un incroyable bourreau de travail : chacun de ses textes remplit un dossier de dizaines de feuillets où des centaines de variantes témoignent de sa richesse créatrice. Il lui faut ensuite élaguer patiemment, choisir, jeter quelquefois des perles pour ne conserver que les diamants. À l'arrivée, ces poèmes si longuement élaborés, fruits de mois, voire d'année d'efforts, feront, comme d'habitude, des chansons insolemment naturelles.

… Puis faire oublier le labeur

À l'époque où l'on ne disposait pas encore de l'électricité, on disait d'un écrit besogneux qu'il sentait la lampe ou l'huile, lorsqu'un malheureux auteur avait visiblement passé la nuit à ânonner des phrases dans l'odeur entêtante du quinquet domestique. « *Nous disons d'aucuns ouvrages qu'ils puent l'huile ou la lampe, pour certaine âpreté et rudesse que le travail imprime en ceux où il a grande part* », écrit Montaigne dans *Les Essais*. « *Il y a des roideurs, des passages qui sentent l'huile dans le beau livre de La Bruyère* », juge, un peu sévère, le difficile Sainte-Beuve.

La besogne, aussi dure soit-elle, ne doit jamais se faire sentir. Joe Dassin avait une très jolie approche du rôle de l'auteur-compositeur : selon lui, les œuvres, dans leur forme idéale, existaient déjà dans un « *nirvana des chansons* » où il fallait aller les dénicher. J'avoue avoir toujours été sensible à cette idée symbolique et poétique de l'activité créatrice. C'est vrai qu'il faut partir à la recherche, se tromper, revenir, repartir, débroussailler, avancer pas à pas, mot à mot, sans trop savoir ce qu'on va trouver au bout, avant d'aboutir enfin à la terre promise, la version idéale, le *must* de ce que l'on est en mesure de faire. C'est vraiment tout un boulot… Céline disait : « *J'écris avec beaucoup de peine.* » Qui s'en doute en le lisant ?

Dassin, dont les chansons sont réputées légères, était un forcené du travail bien fait. Il ne lâchait jamais ses auteurs avant qu'ils n'aient abouti au vers qu'il souhaitait et, impitoyable mouche du coche, ne nous passait rien à Pierre Delanoë ni à moi : « C'est cucul, c'est mignon, je ne peux pas chanter ça, imaginez que vous mesurez deux mètres et que vous avez plein de poils sur la poitrine… » Il poussait même parfois l'exigence jusqu'à la mauvaise foi et faisait exprès de chanter le plus mal possible le dernier vers proposé afin de nous prouver qu'il n'était pas bon !

Cependant, le difficile ex-étudiant en anthropologie (il était titulaire d'une maîtrise) parvenait toujours à faire accoucher ses paroliers du bébé qu'il souhaitait, et le moindre des miracles n'est pas, quand on réécoute ses chansons aujourd'hui, de les voir tenir le coup contre le temps et conserver une fraîcheur évidente bien qu'elles aient été hyper-travaillées. Seuls quelques esprits chagrins les considèrent encore comme des produits aseptisés, alors que pour une grande majorité du public français et étranger (y compris les jeunes), elles gardent une charge émotionnelle ou humoristique très appréciée.

Passer des jours et des nuits sur un texte ne peut donc pas lui nuire, bien au contraire, à la seule condition que cela ne se sente pas.

Oui, mais comment s'y prendre (quand on est là-haut) ?

Tout cela, c'est bien gentil, me direz-vous, mais, justement, ce travail, quel est-il ? Comment s'y prendre ? Que doit-on savoir pour le rendre, sinon plus facile, du moins plus efficace ?…

J'entends encore un certain nombre de mes confrères me lancer, dans les premiers temps de l'atelier : « Tu perds ton temps… Le talent ne s'apprend pas… » La belle découverte, le fin constat ! Bien sûr que le talent ne s'apprend pas, pas plus que la beauté ou l'intelligence. On peut en revanche apprendre à les développer, à les mettre en valeur.

Chaque année, lors de la première séance de travail avec mes jeunes auteurs, je répète le même discours : « Si vous n'avez aucune imagination, aucun humour, aucune sensibilité, aucune personnalité, je ne pourrai en aucun cas vous en donner. Si en revanche vous avez tout ou partie de ces dons, je peux vous aider à les mettre en œuvre plus efficacement. Mes quarante années d'apprentissage (être un éternel élève, telle est notre condition) peuvent vous servir à cela. C'est tout, mais ça peut ne pas être totalement inutile ! »

Ce livre a donc pour but de reproduire à l'écrit un peu de ce que je fais à l'oral dans mon atelier de chanson : *quid* du rapport mot/musique, de l'accent tonique, des différentes métriques, de la rime ? Autant de sujets que je vais essayer d'aborder avec vous, et bien d'autres encore tant il est vrai que votre inspiration, vos dons ne s'épanouiront vraiment que lorsque vous aurez acquis, compris, digéré les bases. Ce qu'il en faut de gammes à un pianiste pour qu'il devienne le virtuose capable d'insuffler à son instrument toutes les émotions dont la partition fait vibrer son âme. Ce qu'il en faut d'exercices fastidieux au sportif pour qu'il ait enfin les moyens de réaliser le geste inspiré (un superbe ciseau retourné, par exemple) qui va faire frissonner le monde. Ce qu'il en faut de ratures pour une littérature digne de ce nom (Céline affirmait écrire 80 000 pages de brouillon pour aboutir aux 800 définitives de son livre).

Allons, les auteurs, cessons de jouer la grande scène du creux, le rôle improbable du poète échevelé livrant aux vents armoricains ses essentiels états d'âme face à la mer, sa seule rivale !... Il y a un minimum à apprendre, à savoir, pour donner toute la mesure de son talent... Souvenons-nous de l'architecte égyptien du merveilleux tandem Goscinny-Uderzo : ce pauvre homme ne construit que des bâtiments bancals, des maisons pantelantes qui offrent leur façade de guingois à nos Gaulois ébahis. N'imitons pas le triste Numérobis, apprenons humblement les bases de notre métier (Brassens a raison, c'en est un.). Toutes nos richesses intérieures ne s'en exprimeront que mieux, et nous serons ainsi en mesure de mieux toucher nos frères humains.

© Groupe Eyrolles

Quand la page blanche s'écrit

« D'accord, me direz-vous, mais la page blanche… Moi, ça me tétanise ! » Je comprends parfaitement ça. Je le vis tous les jours. Je crois que les auteurs sont paresseux plus souvent par trouille que par nature. Il faut pourtant s'y mettre. Lorsqu'on s'installe à sa table de travail devant le cahier ou l'écran vierge, il y a un vrai moment d'angoisse… Mais c'est un peu comme le trac, c'est une trouille incitative… Puis monte peu à peu, insidieusement, doucement, le plaisir d'écrire. Si on doit travailler sur une musique, on se laisse envahir, envelopper par sa mélodie, ses harmonies, son rythme. Petit à petit, des idées, des mots viennent. Brel disait que pour lui certains mots s'allumaient, prenaient des couleurs. Je comprends cette sensation. Moi, ce que j'éprouve, dans les moments où la marée de l'inspiration remonte lentement (parfois très lentement !), c'est la sensation d'être un instrument dont les vibrations vont devenir des mots. Quelquefois, on se sent atteint d'éternité… presque dicté ! La torture initiale se transforme alors en un moment de plaisir rare. Mais, encore une fois, ce plaisir n'aurait pas pu exister si en amont je n'avais pas fait l'effort d'acquérir la technique apte à traduire mes émotions. Je ne serais qu'un crincrin inutile.

Le moment de bonheur privilégié que je viens d'évoquer n'est, bien sûr, pas permanent. À certains moments, la grâce vous abandonne et vous vous sentez à nouveau nul, incapable, le dernier des rimailleurs minables… N'insistez jamais lorsque cela vous arrive, bougez, sortez. J'ai remarqué – mais peut-être n'est-ce pas valable pour tout le monde ? – que la marche était génératrice d'idées, qu'elle aidait à se débloquer, à trouver, par exemple, une formule autour de laquelle on tournait mais qui, jusque-là, nous échappait… Lorsque vous séchez, essayez… Cela peut « marcher » pour vous aussi. Au pire, cela vous permettra de vous aérer…

Si toutefois votre promenade de rêveur solitaire n'a pas réveillé la muse boudeuse, n'insistez pas, ne faites pas d'acharnement textuel.

André Brincourt écrivait avec humour « *Les mots sont susceptibles / à eux de me trouver / moi je ne cherche rien…* » Laissez tomber, passez à une autre chanson, d'un tout autre genre, si possible. Il est bon d'alterner les couleurs, de passer du sentiment à l'humour, du pastel au rouge vif. L'œuvre inachevée, vous allez la reprendre un jour (ou une nuit) après l'avoir laissée quelque temps en jachère. En réalité, elle va faire un chemin inconscient dans votre imaginaire et un matin, vous allez vous réveiller en ayant à nouveau envie d'elle. Alors vous vous y remettrez avec appétit puis vous la reprendrez et ainsi de suite jusqu'au point final, le délicieux soulagement du dernier signe écrit ou tapé.

Une chose que j'ai pu remarquer assez souvent est que, lorsque l'on pense, avant de s'endormir, à un texte qui n'a pas encore pu aboutir, à une phrase imparfaite, à un chaînon manquant, le réveil peut apporter la solution. Il faut croire que, pendant le sommeil, notre petite forge intérieure fonctionne et nous ménage quelques surprises entre chien et loup.

En revanche, il faut se méfier des intuitions lumineuses de la nuit, elles sont fugaces ! Dans un demi-sommeil, vous vient une fulgurance essentielle, vous en êtes certain, un de ces flashs qui remplissent une vie d'auteur, la formule vraiment magique. Hélas, trop fatigué pour vous lever et noter votre précieuse trouvaille, vous préférez Morphée à Érato. Il y a malheureusement les plus grandes chances pour qu'au réveil, vous ayez oublié cette perle nocturne. Alors, un dictaphone ou un petit carnet de notes sur votre table de nuit, pourquoi pas ?

« Qu'importe le flacon, pourvu qu'on ait l'ivresse », ou l'illusion euphorique du talent

Dans un autre domaine, est-ce que l'imaginaire, l'inspiration, le flux poétique peuvent être stimulés par l'alcool ou les « substances illicites » ? On connaît les penchants de Baudelaire pour les paradis artificiels, on sait que Rimbaud voulait parvenir à un « *dérèglement de tous les sens »*. Ce goût de certains auteurs pour « *La Dive Bouteille* » n'est pas une légende, et les tables des bistros de Montmartre ont vu souvent Bernard Dimey les honorer de quelques chefs-d'œuvre. Je crois cependant qu'il s'agit là d'un leurre. L'ivresse peut, bien sûr, faire sauter certaines inhibitions, libérer de certains complexes, on peut très éventuellement, « sous l'emprise », être mieux en prise avec l'« *inaccessible étoile* » où sommeille la formule idéale mais, la plupart du temps, elle ne fait que donner l'illusion du talent, et la redescente, lorsque les vapeurs se sont dissipées, est rude parce qu'on s'aperçoit que la montagne aperçue dans l'euphorie artificielle a accouché d'une souris, comme l'a dit si joliment La Fontaine.

Allez, finalement, il vaut mieux se mettre humblement au travail, à jeun, laisser monter en soi, degré par degré, la force créatrice, un peu comme le comédien qui se concentre pour rentrer dans la peau de son personnage et qui tend, de toute sa sensibilité, vers ce nirvana dont parlait Joe Dassin.

Lorsqu'on y parvient, c'est une ivresse autrement délicieuse que celle de l'absinthe ou du haschich, parce qu'on la maîtrise au lieu de la subir.

Non, vraiment, transpiration, inspiration, pas de débat, pas d'antagonisme. Il faut travailler, travailler beaucoup, pour passer de l'une à l'autre. Louis Aragon disait : « *Je n'ai pas une seule certitude qui ne me soit venue autrement que par le doute, l'angoisse, la sueur, la douleur de l'expérience.* » C'est vrai, et nous le vérifions tous les jours. Mais, afin de vous rasséréner, je peux citer Jules Renard : « *L'inspiration, ce n'est peut-être que la joie d'écrire : elle ne la précède pas* » et vous inviter à la connaître, cette joie, en partageant mon petit bagage.

Mots et musique :
vivent les mariés !

Savez-vous que Monsieur de La Palice doit son existence posthume à une chanson ? En effet, Jacques II de Chabannes, seigneur de La Palice, maréchal de France né en 1470 et décédé lors du désastre de Pavie, le 24 février 1525, faisait toujours preuve au combat d'une grande bravoure et s'y distinguait glorieusement. Ses soldats, après son décès, désireux de célébrer un chef particulièrement valeureux, lui consacrèrent quelques couplets élogieux dont celui-ci :

> *Hélas, La Palice est mort,*
> *Est mort devant Pavie,*
> *Hélas, s'il n'était pas mort,*
> *Il ferait encore envie...*

La troupe n'avait, ce faisant, d'autre but que celui de commémorer son courage lors du siège qui lui avait été fatal. Or, l'ancien français ayant deux graphies pour les « s », une erreur de lecture donna :

> *Hélas, s'il n'était pas mort,*
> *Il serait encore en vie...*

Bien malgré lui, donc, le bon maréchal est devenu le roi du pléonasme, le grand dévideur d'évidences... Il suffit de revoir le désopilant *François Ier* de Christian-Jacques avec Fernandel pour se rendre compte du traitement infligé par la postérité au malheureux homme de guerre à cause d'une complainte militaire créée par la troupe et déformée par le temps.

Ce léger préambule historique a, en réalité, pour objectif de détendre le lecteur, car ce chapitre sera sans doute l'un des plus techniques de ce livre. Mais, de fait, il repose tout entier sur une lapalissade : une chanson, c'est un mélange de mots et de musique. Ce constat, qui ne risque pas de m'ouvrir les pages des grands hebdomadaires nationaux, recouvre cependant dans sa banalité une réalité délicate, la plus délicate, sans doute, d'entre celles auxquelles se heurte l'auteur de chansons débutant. Ce mariage entre le verbe et la mélodie, comment s'y prendre pour qu'il soit réussi ? Comment faire pour que les mots et les notes ne fassent, en définitive, qu'un et constituent, par là même, une chanson.

Deux cas peuvent se présenter : mots sur musique (que nous traiterons dans les pages qui viennent) ou bien musique sur mots (que nous traiterons au chapitre suivant).

Si vous mettez des mots sur la musique, faites se rencontrer les temps forts du texte et de la mélodie

En ce qui concerne le premier cas, que doit-on savoir afin d'avoir les meilleures chances de bien poser le texte sur la mélodie ? C'est tout simple : il va falloir, pour réussir une alliance heureuse entre les deux, faire coïncider du mieux que l'on peut les temps forts des mots (c'est-à-dire les accents toniques) et ceux de la musique. Cela peut paraître contraignant, rébarbatif, voire anti-artistique de prime abord. C'est pourtant, à mon avis, indispensable, et lorsqu'on s'y est exercé pendant quelque temps, cela finit par se faire naturellement, sans nuire du tout à la qualité émotionnelle du texte, bien au contraire. Stravinski disait, dans *Poétique musicale* : « *Ce qui compte, c'est que tous les éléments dionysiaques qui ébranlent l'imagination du créateur soient domptés à propos avant de nous donner la fièvre, et finalement soumis à la loi.* »

La contrainte qui consiste à respecter au maximum l'accent tonique et son adéquation à la musique peut paraître une « *soumission à la loi* » inutile, et pourtant, je persiste à penser qu'elle est nécessaire et, généralement, génératrice de plus de qualité et de plus de plaisir que la paresse artistique qui consiste à la négliger.

Céline Dion, dans un de ses premiers albums, chante :

> *Écris-moi des mots qui sonnent,*
> *Des mots qui résonnent,*
> *Écris-moi des mots qui donnent*
> *Un sens à ma musique.*
> *Écris-moi des mots qui sonnent,*
> *Des mots qui résonnent,*
> *Écris-moi des mots qui cognent*
> *Sur l'accent tonique.*

« Des mots qui sonnent », Luc Plamondon,
Aldo Nova – Marty Simon, 1991

L'accent tonique dans la langue de Molière se cache dans le genre des rimes

C'est un Québécois, Luc Plamondon, qui nous fait la leçon et c'est bien naturel car, à la fois francophones et américains, nos cousins de la Belle Province sont soucieux du sens autant que du son. Pourquoi ne pas faire comme eux ?

O. K., me direz-vous, alors, comment le repérer, ce fameux accent tonique ?

Certains prétendent, pensant ainsi s'en débarrasser ou de bonne foi, qu'en français, il n'existe pas ou qu'il a disparu. C'est évidemment faux : aucune langue n'est plate et puis, descendez un peu dans le Midi ou écoutez Cabrel, pour voir.

Non, il n'a pas disparu, mais il est vrai qu'il est moins saillant que dans les langues latines (espagnol, italien, portugais, par exemple) ou qu'en anglais. Nos amis américains ou britanniques l'observent scrupuleusement et s'en servent, sur la musique, avec une virtuosité toute naturelle. Prenons par exemple l'excellente chanson des Beatles « When I'm sixty-four ». La coïncidence entre les temps forts des mots (les syllabes que je souligne) et ceux de la musique (j'espère que vous avez bien l'air dans la tête) coule de source :

> *When I get older, losing my hair,*
> *Many years from now,*
> *Will you still be sending me a valentine,*
> *Birthday greetings, bottle of wine.*

« When I'm sixty-four », John Lennon, Paul McCartney, 1967

L'harmonie parfaite entre le texte et la mélodie constitue en elle-même un réel plaisir qui vient renforcer celui que l'on peut prendre à goûter l'humour tendre des mots et la tonalité ironiquement vieillotte de la musique. Bon, me direz-vous, d'accord, en anglais, ça paraît marcher mais en français ?…

En français ?… L'accent tonique existe aussi, moins marqué, peut-être, mais il existe. Je l'ai rencontré, je m'en suis servi, sous l'amicale impulsion d'un Américain comme Dassin ou de Latins comme Iglesias ou Reggiani. Je ne m'en suis jamais plaint.

Comment le repérer ? Rien n'est plus simple :

Pour ce qui concerne les mots qui se terminent par un e muet (et qui, en fin de vers, constituent les rimes féminines), l'accent tonique tombe toujours sur l'avant-dernière syllabe ; par exemple, pour le mot table, sur <u>ta</u>.

Pour tous les autres, sans exception (ceux qui constituent, en fin de vers, les rimes masculines), il est toujours placé sur la dernière syllabe, en l'occurrence, pour le mot tableau, sur <u>bleau</u>.

Vous remarquerez que ce n'est absolument pas le genre du mot qui implique qu'il se termine par une féminine ou une masculine, mais juste la présence d'un e muet ou non. Ainsi, liberté, bien qu'étant du genre féminin est une rime masculine alors qu'esclavage, mot masculin, est une rime féminine. En guise de moyen mnémo-

40

technique, je vous propose de noter qu'en dépit du sexe de l'auteur, Claude et Lemesle sont deux rimes féminines.

Faites en sorte qu'un accent tonique et une note saillante se tiennent par la main

Une fois que vous avez décelé les fameux accents toniques dans une phrase donnée, tout le jeu va consister à les faire coïncider avec les notes saillantes de la ligne mélodique correspondante. N'allez surtout pas me dire « mission impossible » : nos amis latins et anglo-saxons y parviennent *fingers in the nose*, alors, pourquoi pas nous ? Quelle paresse intellectuelle, quelle prétention obtuse justifient ce genre d'attitude négative par rapport au b. a.-ba technique de notre artisanat ? Une réflexion qui revient souvent chez certains auditeurs, surtout les jeunes, consiste à prétendre que l'anglais est plus musical que le français, qu'il sonne mieux. C'est évidemment très exagéré (il suffit d'écouter Nougaro ou Cabrel pour s'en convaincre). Simplement, les auteurs français sont moins habiles à faire sonner leur langue que leurs confrères étrangers – quands ils n'y répugnent pas.

Pour vous aider à faire bon usage de l'accent tonique, le mieux est de prendre un exemple simple, une mélodie que tout le monde connaît ou presque, la très belle composition d'Yves Duteil : « Prendre un enfant par la main. » Examinons la première partie du couplet qui se compose de quatre vers : deux de sept pieds, un de dix, puis à nouveau un de sept. Pour plus de commodité, je me permets de transposer la musique en do et d'en écrire les notes non pas sur une portée mais en lettres, l'apprenti auteur ne déchiffrant pas forcément.

Vous y êtes ? Je commence :

> *Do ré mi mi ré mi do*
> *Do ré mi mi fa sol ré*
> *Fa fa mi ré ré do si si la sol*
> *Si si la sol sol fa mi.*

Bien. Essayons maintenant de repérer les temps forts de la musique. Même sur une mélodie très douce telle que celle d'Yves, c'est assez facile à faire. Une oreille très moyennement douée y parvient sans problème. Voici donc ce que cela donne (je continue à souligner les temps forts) :

> *Do ré mi mi ré mi do*
> *Do ré mi mi fa sol ré*
> *Fa fa mi ré ré do si si la sol*
> *Si si la sol sol fa mi.*

On peut le constater très clairement, les temps forts sont toujours sur la première, la quatrième et la septième note et, dans le troisième vers, qui est plus long, sur la dixième. Voyons si l'on retrouve la même chose dans le texte, c'est-à-dire si l'accent tonique se situe bien sur les première, quatrième et septième syllabes (et la dixième du troisième vers).

Chantons, si vous le voulez bien :

> *Prendre un enfant par la main*
> *Pour l'emmener vers demain,*
> *Pour lui donner la confiance en son pas,*
> *Prendre un enfant pour un roi.*

« Prendre un enfant par la main », Yves Duteil, 1977

C'est effectivement parfait : les temps forts des mots épousent impeccablement les temps forts de la musique et cela donne à ce quatrain une fluidité à laquelle l'oreille ni le cœur ne peuvent être insensibles.

Qui plus est, le fait que certaines syllabes soient très légèrement saillantes crée un réseau discret de rimes intérieures dont l'effet, quoique presque imperceptible, contribue néanmoins au charme de ce premier groupe de quatre vers :

> *Prendre un enfant...*
> *Pour l'emmener...*
> *Pour lui donner...*

Si les accents toniques étaient mal disposés, ces légers ricochets sonores ne se sentiraient même pas. On les retrouve, plus évidents encore, dans un passage d'un chef-d'œuvre d'Alain Souchon et Laurent Voulzy, « Le bagad de Lann Bihoüe » :

> *Tu la voyais pas comme ça, frérot,*
> *Doucement ta vie t'a mis K.O.*
> *T'avais huit ans quand tu t'voyais,*
> *Et ce rêve-là, on l'a tous fait...*

« Le bagad de Lann Bihoüe », Alain Souchon, Laurent Voulzy, 1978

Et dans le domaine de la perfection, a-t-on fait mieux que le superbe refrain de « Né quelque part », dû à mes amis Maxime Le Forestier et Jean-Pierre Sabard :

> *Est-ce que les gens naissent égaux en droit*
> *À l'endroit où ils naissent ?*

« Né quelque part », Maxime Le Forestier, Maxime Le Forestier –
Jean-Pierre Sabard, 1987

Ces subtils rebondissements sur les syllabes et les notes prépondérantes contribuent à nous rendre familières cette belle idée et cette formulation exigeante. Contrairement à ce que tentent de prétendre certains pseudo-puristes, soigner la forme n'a jamais été préjudiciable au fond, bien au contraire. Cela nous le rend plus accessible et plus aisément mémorisable :

« C'est la lutte finale » n'aurait certainement pas eu le même impact si Eugène Pottier et son compositeur De Geyter nous avaient proposé (je pense que vous avez bien la mélodie en tête) :

> *La lutte, c'est la dernière...*

Même hyper-motivée, archi-endoctrinée, super-convaincue, aucune foule n'aurait jamais chanté cela !

Pour que la phrase balance sur le rythme...

À propos de foule, avez-vous songé à quel point les mots de Michel Rivgauche sur une musique d'outre-Atlantique (une valse péruvienne) tombaient admirablement, participant ainsi au tourbillon créé par le rythme ?

> *Emportés par la foule qui nous traîne, nous entraîne, écrasés*
> *l'un contre l'autre...*

« La foule », Michel Rivgauche, Angel Cabral, 1953

Jamais le temps fort de la musique ne tombe sur un e muet mais sur la syllabe précédente de sorte que cela swingue terriblement !... C'est un constat que j'ai été amené à faire bien souvent : une phrase balance sur le rythme – et l'interprète peut alors la faire swinguer aisément – lorsque l'appui musical se fait juste avant l'e muet, quand on peut rebondir, comme Nougaro dans « Sing Sing song » :

> *Quand le jour se lève sur Sing Sing...*

« Sing Sing song », Claude Nougaro, Nat Adderley, 1965

Ou comme Fugain dans l'adaptation très réussie d'une bossa brésilienne d'Antonio Carlos-Jocafi :

> *Et d'écouter se lamenter*
> *Ma gueule dans la glace, dis...*

« Fais comme l'oiseau », Pierre Delanoë, Antonio Carlos-Jocafi, 1971

Essayons de décortiquer, sur le plan du swing, l'admirable « Le soleil et la lune » de Charles Trenet, un maître en la matière... Vous constaterez sans peine que la bonne utilisation de l'accent tonique joue un rôle essentiel dans la perfection rythmique de la chanson :

> *Le soleil a rendez-vous avec la lune*
> *Mais la lune n'est pas là et le soleil l'attend,*
> *Ici-bas, souvent chacun pour sa chacune,*

Chacun doit en faire autant.
La lune est là, la lune est là,
La lune est là mais le soleil ne la voit pas,
Pour la trouver, il faut la nuit,
Il faut la nuit mais le soleil ne le sait pas et toujours luit,
Le soleil a rendez-vous avec la lune
Mais la lune n'est pas là et le soleil l'attend.
Papa dit qu'il a vu ça, lui.

« Le soleil et la lune », Charles Trenet, Charles Trenet – Albert Lasry, 1939

Ceux d'entre vous qui ont été capables de chanter ce texte sur la musique du fou chantant ont dû y prendre beaucoup de plaisir, tant cela balance. Le bon usage de l'accent tonique sur une mélodie rythmée rend l'interprétation particulièrement jouissive, pour employer un adjectif qu'affectionnait mon cher Joe…

Joe, pour lequel j'avais écrit, en 1972, ce refrain impeccable sur le plan technique (allez, soyons modeste…) et qui demeure, aujourd'hui, l'un de ses plus populaires :

On s'est aimés comme on se quitte,
Tout simplement sans penser à demain,
À demain qui vient toujours un peu trop vite,
Aux adieux qui quelquefois se passent un peu trop bien…

« Salut les amoureux », Claude Lemesle, Richelle Dassin –
Steve Goodman, 1972

Je suis persuadé que si cette chanson s'est inscrite depuis si longtemps dans la mémoire populaire, c'est parce qu'elle est, comme le disait Brassens, non seulement authentique, mais bien faite.

N'oubliez donc pas cela. Je vous assure que c'est essentiel pour que notre chanson française puisse proclamer, à l'instar de Johnny Hess, le partenaire des débuts de Trenet : « Je suis swing », une chanson qu'entre parenthèses, adorait Brassens. Si vous parvenez à faire rebondir la syllabe précédant la féminine sur le temps fort de la musique, l'effet swing sera garanti :

Sur la route de Memphis, sur la route de Memphis…

« Sur la route de Memphis », Claude Moine, Pierre Papadiamandis, 1989

… chante, en balançant, l'excellent Eddy Mitchell.

En revanche, il faut tout le talent, toute la foi, toute la fougue de notre Johnny national, pour arriver à faire passer « *Toute la musique que j'aime…* », tant c'est, *a priori*, placé à l'envers sur la musique. Il est obligé de décaler les mots par rapport au rythme pour parvenir à la faire swinguer un peu ! Et vous remarquerez que le deuxième vers de cette même chanson, « *Elle vient de là, elle vient du blues…* », beaucoup mieux placé, balance, lui, tout naturellement.

Le bon usage de l'accent tonique permet donc, tout d'abord, d'être plus fluide (par exemple, « Prendre un enfant »), en second lieu, de mieux balancer (par exemple « Né quelque part » ou « Le soleil et la lune »), et, enfin, ce qui n'est pas négligeable, d'être plus compréhensible. Combien de fois, à l'écoute d'une chanson nouvelle, ne vous êtes-vous pas demandé : mais qu'est-ce qu'il (ou elle…) raconte ?… Ce problème de compréhension, dû parfois, bien sûr, à l'articulation défectueuse de l'artiste, parfois aussi à un mixage privilégiant l'orchestre, peut provenir d'une mauvaise disposition des mots sur la musique.

« Une syllabe par note et des césures bien faites » n'empêchent pas d'être libre

Bernard Estardy, dit « le baron », génial ingénieur du son et compositeur-arrangeur récemment disparu, hélas, m'a raconté la raison pour laquelle il avait appelé son édition Le Vépar. Voici l'anecdote : un artiste très prestigieux enregistrait dans son studio CBE, rue Championnet. Prise après prise, Bernard cherchait à comprendre une des phrases de la chanson dont le sens lui échappait complètement : « Sous le vépar… ». Le bon géant, perplexe, se demandait ce que pouvait bien être ce mystérieux vépar : un animal mythique, un fauve afro-européen, mi-vipère mi-guépard, une nouvelle sorte de mousson… Il s'accrochait, espérant à chaque nouvelle version découvrir enfin la clé de cette énigme, mais rien n'y faisait. Le directeur artistique lui demandant d'où venait ce trouble assez visible, Bernard lui en avoua la raison. Alors son interlocuteur éclata d'un bon grand rire : « … Mais il chante… soulevé par le vent… » ! L'ami Estardy, soulagé, se dit que, tout de même, l'auteur aurait pu faire un effort en plaçant la syllabe vé sur le temps fort au lieu de par qui créait cette confusion. En souvenir de ces quelques minutes de perplexité, il donna à ses éditions, quelque temps plus tard, le nom, jusque-là voué aux limbes du vocabulaire, de « Vépar ».

J'avais déjà, tout jeune, été confronté sans le savoir à ce genre de problème. Je venais de rentrer dans ma douzième année lorsque j'entendis, en 1957, « L'air de la bêtise » de Jacques Brel. Cette chanson, excellent pastiche de Rossini, célébrait ironiquement la sottise en lieu et place de la calomnie. Elle faisait partie du second album du grand Jacques qui comportait des titres tels que « Quand on n'a que l'amour » et devait être couronné par le grand prix de l'Académie Charles Cros. Or, j'étais troublé par le premier vers du deuxième couplet. J'entendais, en effet : « Mère de nos fameux fatals… » J'avais beau tourner et retourner cette phrase dans ma cervelle juvénile, je n'arrivais pas à en saisir la signification. Sans doute s'agissait-il d'une idée trop forte pour mes facultés intellectuelles trop tendres… Un jour, je ne sais plus trop comment, je pris connaissance du texte écrit et je lus : « Mère de nos femmes fatales… » Tout s'éclairait enfin : Dame Bêtise était la mère des femmes fatales… logique, imparable… J'avais simplement été induit en erreur par un accent tonique mal placé, le e muet de femme tombant sur le temps fort musical. Dieu sait si j'allais adorer Brel plus tard mais là, il m'avait joué, sans doute par négligence, peut-être par ignorance (après tout, il n'avait que 28 ans), un drôle de tour. Et je ne dus sûrement pas être le seul à faire la confusion…

Imagine-t-on une seconde un artiste britannique hurlant le <u>ver</u> de for <u>ever</u> ou le <u>ber</u> de septem<u>ber</u>, en leur faisant un sort sur la musique, en les faisant coïncider avec le temps fort de la mélodie ? Impossible !... Essayez donc de remplacer *yesterday* dans la géniale ballade de Paul McCartney par *for <u>ever</u>* ou *septem<u>ber</u>*, justement... Cela va écorcher gravement les oreilles du moins musicien des sujets de Sa Gracieuse Majesté, peut-être même les vôtres. Faut-il vraiment que nous soyons le seul peuple à négliger la charge musicale de notre langue ? De quelle flemme ou de quel snobisme sommes-nous victimes ? Pourquoi ne pas écouter les sages considérations d'un William Sheller, musicien majuscule chantant en français mais d'origine britannique : « *Une syllabe par note et des césures bien faites* »... Nous en sommes pourtant capables tout autant que les autres, mais nous avons pris de mauvaises habitudes, et depuis longtemps : « *L'amour est <u>en-fant</u> de Bohême* » ! Que de divas ont dû être génées par cette césure étrange !

C'est bien scolaire, me direz-vous... Non, ce sont des paramètres techniques incontestables dont seule l'application systématique, l'utilisation aveugle, serait scolaire. Or, le créateur a toujours le choix. Les règles sont là pour être contournées, détournées, violées même, parfois. Mais il importe de le faire en connaissance de cause, et non de façon anarchique en se foutant royalement de la façon dont mots et musique peuvent s'accorder. Le compositeur apprend les bases de l'harmonie soit au Conservatoire, soit d'une façon autodidacte ; toujours est-il qu'il apprend. Armé de ce bagage, il peut évidemment parsemer ses œuvres d'accords peu académiques mais parfois géniaux, de dissonances, défier ses maîtres en créant des chefs-d'œuvre renégats de leur enseignement. Il est libre, le créateur, tout à fait libre, mais il ne l'est jamais autant que lorsqu'il sait ce qu'il fait, comment et pourquoi. Ayant délibérément accepté les contraintes inhérentes à son art, ayant compris que les respecter, c'est leur obéir, mais aussi les dompter, parfois les contrarier, voire les exploser, il pourra humblement, comme Paul Cézanne, le 9 janvier 1903, dire : « *J'ai réalisé quelques progrès. Pourquoi si tard et si péniblement...* » Le peintre provençal avait alors 64 ans...

Jean-Pierre Lang
et la « fin du monde »

Ce brave accent tonique, dont nous avons fait connaissance au chapitre précédent, ne doit donc plus être le bel inconnu de la chanson française. Mais une fois qu'on a pris conscience de son existence, et de son importance, il importe de l'utiliser intelligemment. Les règles – je me répète, mais Napoléon ne disait-il pas : « *La plus utile des figures de rhétorique est la répétition* » ? – sont là pour être transgressées, à condition de l'être à bon escient. Au fond, il n'y a réellement que deux cas de figure.

Si vous devez vous plier à la règle pour une rime féminine…

En ce qui concerne la féminine, c'est-à-dire le mot qui se termine par un e muet, il est, à mon avis, indispensable de respecter toujours la règle, à savoir de poser toujours l'avant-dernière syllabe, la syllabe accentuée, sur le temps fort de la musique. Exemple :

> *Je chante,*
> *Je chante soir et matin,*
> *Je chante sur mon chemin…*

« Je chante », Charles Trenet, Paul Misraki, 1937

C'est, me semble-t-il, limpide. Même chose en ce qui concerne :

Ne me quitte pas.

Imaginez que Jacques Brel ait écrit : « Si tu me quittes… », et essayez de le chanter sur la musique… Horrible, n'est-ce pas ? Cela donne quelque chose comme « Si tu meuh quitteuh… » Dans la formule choisie par Jacques, non seulement le choix de l'imploration, plutôt que celui de la supposition, donne un caractère beaucoup plus pathétique, sur le plan du fond, à la phrase, mais, sur le strict plan de la forme, le fait que le qui de « Ne me quitte pas… » tombe à cet endroit musical permet à cette prière amoureuse de sonner très naturellement.

J'ai, en revanche, la ferme conviction que poser un e muet sur un temps fort musical donne toujours un résultat très laid. Je ne suis, Dieu merci, pas le seul à le penser. Ainsi, Charles Trenet, dans une interview télévisée, fustigeait-il les paroliers qui écrivent « je t'aimeuhhh !… » On l'a malheureusement toujours fait dans la chanson française :

Et tout ça, ça fait d'excellents Français,
D'excellents soldats, (jusque-là tout va bien…)
Qui marchent (aïe, ça se gâte !) *au pas.*

« Ça fait d'excellents Français », Jean Boyer, Georges Van Parys, 1939

Et, pour revenir à notre époque, malgré toute l'admiration que j'ai pour Jean-Jacques Goldman, aussi bien en tant que créateur qu'en tant qu'être humain, je ne crois pas que sa meilleure trouvaille soit :

J'oublierai ton nom (ça, ça va…)
De mille façons (ça, à mon avis, ça ne va pas du tout !).

« J'oublierai ton nom », Jean-Jacques Goldman – Michael Jones, Jean-Jacques Goldman, 2001

François Rauber, merveilleux et subtil musicien, à qui l'on doit les superbes arrangements des chansons du grand Jacques, m'a raconté que lorsque Brel lui avait montré à la guitare, comme il le faisait toujours, « Amsterdam » afin qu'il en écrive l'orchestration, il lui avait reproché, en toute amitié, le vilain son de :

Les rê<u>ves</u> qui les hantent
Au lar<u>ge</u> d'Amsterdam…

« Amsterdam », Jacques Brel, 1964

« Jacques, lui avait-il dit, tu es un grand, tu n'as pas le droit de faire ça !… » J'ignore ce que l'artiste lui avait répondu. Toujours est-il qu'il avait gardé ces deux vers tels quels et que leur sonorité n'est, effectivement, pas très heureuse. À la décharge de Brel, il faut dire, toujours selon son génial arrangeur, qu'il ne croyait pas vraiment à cette chanson. Il lui avait, paraît-il, déclaré : « Écoute, François, pour mon tour (il s'agissait de l'Olympia 1964), je n'ai rien trouvé à mettre en trois mais je viens de faire une connerie, une chanson de marins, on va la glisser là, entre "Les jardins du casino" et "Les vieux", ils ne s'en apercevront même pas. » Ils s'en étaient si peu aperçus qu'ils avaient fait un triomphe à la chanson, réclamant longuement et vainement un bis que Jacques n'a jamais accordé nulle part, contrairement à son camarade Bécaud qui les provoquait, lui, goulûment.

Les rê<u>ves</u>… au large sont donc gravés tels quels pour la postérité dans un enregistrement *live* car la seule version disque que l'on possède d'« Amsterdam » par son créateur est celle de cet Olympia.

Cependant, je note un phénomène assez étrange et plutôt rassurant. Dans quasiment toutes les reprises de cette chanson que j'ai pu entendre depuis (et Dieu sait s'il y en a, car c'est un morceau de bravoure formidable), les interprètes – et plus particulièrement les jeunes – décalent les deux syllabes mal posées sur la mélodie et cela donne :

Les <u>rê</u>ves qui les hantent
Au <u>lar</u>ge d'Amsterdam…

Instinctivement, les chanteurs d'aujourd'hui rétablissent donc la vraie musicalité de la phrase. Je trouve cela très intéressant.

… Essayez l'accent tonique contrarié pour les rimes masculines

En ce qui concerne le deuxième cas, la rime masculine, alors là, tout est possible, *it's open*, comment disent nos amis d'outre-Manche.

C'est, sans trop s'en rendre compte, mon brillant confrère Jean-Pierre Lang qui a ouvert les vannes, mettant à la mode l'accent tonique contrarié pour les rimes masculines, au début des années soixante-dix. À l'époque, le futur auteur de Pierre Bachelet travaillait avec le dynamique compositeur Patrick Lemaître pour un chanteur de la mouvance *peace and love*, Gérard Palaprat, doté d'une très jolie voix.

Sur la première phrase de la musique du refrain, *mi sol sol mi la sol* (je transpose toujours en *do* pour simplifier), Jean-Pierre pose les mots suivants :

> *Pour la fin du monde…*

Pas de problème, vous le constatez : le traitement du texte sur la mélodie est parfaitement orthodoxe, ça sonne et ça swingue bien.

Or, voilà-t-il pas que sur la première phrase musicale du couplet, qui est rigoureusement la même et donc strictement accentuée de la même façon (*mi sol sol mi la sol*), il décide de placer l'accent tonique à l'envers, de ne plus terminer par une féminine mais par une masculine, et cela donne :

> *Et mes photographies ?*
> *– Laisse-les là.*
> *Et ma boîte à outils ?*
> *– Laisse-la aussi…*

« Pour la fin du monde », Gérard Palaprat, 1972

Bien que la mélodie soit parfaitement identique, le fait de terminer par une masculine et non par une féminine produit un effet tout à fait différent. On a même l'impression (essayez de chanter dans votre tête alternativement les deux formules, celle avec <u>mon</u>de et celle avec photo<u>gra</u>phies) que ce n'est pas la même musique !…

À cette époque, c'est presque révolutionnaire (je n'exagère pas). Certains de mes confrères, plutôt traditionalistes, poussent des cris d'orfèvres trahis, leurs oreilles écorchées sont prêtes à porter plainte, bref, ça coince dans le Landernau de la chanson hexagonale. D'autres trouvent ça étonnant, détonant, intéressant. Incontestablement, ça apporte quelque chose, cette entorse à l'orthodoxie. Ça grince un peu, c'est moins lisse mais cette espèce de « dissonance rythmique » a des rugosités qui réveillent.

Oui, Jean-Pierre Lang a *« allumé un feu qui ne pourra s'éteindre »*, cher vieux Racine… En effet, bien d'autres auteurs-compositeurs vont désormais pratiquer l'inversion de l'accent tonique dans le cas de figure évoqué, c'est-à-dire poser une masculine là où, en principe, on devrait trouver une féminine.

Souchon, par exemple :

> *Quand j's'rai K.O.,*
> *Des<u>cen</u>du des <u>pla</u>teaux d'<u>pho</u>no…*

« Quand j's'rai K.O. », Alain Souchon, 1988

Dans le deuxième vers cité, tout est à l'envers, mais la disposition des accents renforce le malaise impliqué par l'idée. Vous noterez que sur la même phrase musicale, le passage écrit en anglais, lui, tombe parfaitement à l'endroit :

> *I <u>just</u> have <u>to</u> re<u>mem</u>ber…*

Pour prendre un autre exemple, dans « La corrida » de Cabrel, les mots des couplets sont posés d'une façon très classique, l'accentuation est parfaite :

> *De<u>puis</u> le <u>temps</u> que je pa<u>tiente</u>*
> *Dans <u>cette</u> <u>chambre</u> <u>noire</u>.*

« La corrida », Francis Cabrel, 1994

En revanche, l'accent tonique est à l'envers sur les deux dernières syllabes du leitmotiv :

Est-ce que ce monde est <u>sérieux</u>...

Cela met en valeur l'ironie douloureuse du propos.

Autre exemple :

<u>Mu</u>sique,
Et que cha<u>cun</u> se <u>met</u>te à <u>chan</u>ter,
Et que cha<u>cun</u> se <u>lais</u>se em<u>por</u>ter,
Chacun tout <u>con</u>tre l'<u>au</u>tre <u>ser</u>ré,
Chacun tout <u>con</u>tre l'<u>au</u>tre en<u>la</u>cé...

« Musique », Michel Berger, 1977

Dans ce refrain, seul l'accent tonique final est inversé (<u>Mu</u>sique, <u>chan</u>ter, em<u>por</u>ter, <u>ser</u>ré, en<u>la</u>cé...). À l'intérieur du vers lui-même, tout est parfaitement bien placé et la phrase des chœurs, en particulier (L'un <u>con</u>tre l'<u>au</u>tre...), qui utilise à merveille la féminine, swingue terriblement.

On pourrait, sans trop délirer, imaginer qu'aujourd'hui, Delanoë puisse écrire pour Fugain :

<u>Chan</u>tez, la vie, <u>chan</u>tez,

Au lieu de :

<u>Chan</u>te, la vie, <u>chan</u>te...

L'effet, à l'oreille, ne serait pas le même, mais cela n'aurait rien d'impossible...

Aujourd'hui, le rap est là pour nous rappeler l'importance de la scansion des mots sur la musique. Dans les meilleurs morceaux du genre, le traitement des accents toniques est à la fois très orthodoxe et très remarquable. Ainsi, l'excellent « *Je suis l'<u>as</u> de <u>trè</u>fle qui <u>pi</u>que ton <u>cœur</u>...* » de MC Solaar.

Et le slam, lui aussi, nous ramène aux origines de la poésie qui était sous l'antiquité alternance sophistiquée de longues et de brèves, scansion, donc, avant tout… « *De la musique avant toute chose* », bien sûr, cher Verlaine et il s'agit, en l'occurrence, de la musique des mots… Le slam ravive intelligemment la poésie populaire et il a un bel avenir.

Voilà pour ce qui concerne le premier cas de figure, celui où l'on pose les syllabes sur les notes. Que l'on me pardonne ces considérations sans doute un peu techniques, un peu austères, mais je crois qu'il était essentiel de les développer car la chanson française, qui a toujours attaché au texte une importance plus considérable que ses sœurs étrangères, a longtemps eu, par rapport à elles, du retard sur le plan du son, et il me semblait indispensable de donner quelques pistes en vue d'y remédier. Le souci du fond ne doit en aucun cas exclure celui de la forme.

Si cela vous amuse de vous exercer, vous trouverez au dernier chapitre de ce livre[1] un petit jeu appelé « texte piégé » : sur la musique des « Champs-Élysées », un standard de l'ami Dassin, j'ai réécrit des paroles abominablement et volontairement maladroites, et même pire, où les mots tombent n'importe comment sur la musique et où on doit compter environ une faute par syllabe ! Il s'agit pour vous d'essayer de tout replacer convenablement, de façon à ce que cela sonne sur cette mélodie bien connue mais en gardant, bien sûr, le maximum de mots (de ma version…). Vous devez seulement les réajuster à votre façon. Je m'engage auprès de ceux que cela tente et qui m'enverront le résultat de leur travail à leur faire part de mes commentaires. Bon courage !…

Comment écrire un texte avant la mélodie sur un air de… tra-la-la

Examinons à présent le second cas de figure, celui où le texte précède la musique. Comment faire pour donner au compositeur chargé

---

1. P. 152.

d'écrire cette dernière des mots qui vont lui permettre d'élaborer une musique originale ?…

Tout d'abord, si vous avez quelques dispositions musicales, vous pouvez essayer de concocter quelques notes provisoires sur lesquelles vous allez installer vos paroles. C'est ce que faisait, par exemple Boris Vian qui abandonnait ce canevas mélodique et confiait ensuite ses mots à un véritable musicien. Cependant, tout le monde ne s'en sent pas capable. Si tel est votre cas, une excellente méthode consiste à choisir une mélodie connue, dont l'humeur vous paraît pouvoir coller avec le thème que vous voulez développer, et à écrire votre texte dessus en oubliant les paroles originelles. C'est ce qu'a fait, par exemple, Serge Lama pour sa chanson « Une île ». Il a travaillé sur la musique de « La quête », de Mitch Leigh, interprétée par Jacques Brel dans la comédie musicale *L'Homme de la Mancha*.

Vous vous en souvenez ?…

> *Rêver un impossible rêve,*
> *Porter le chagrin des départs,*
> *Brûler d'une possible fièvre,*
> *Partir où personne ne part…*

« La quête », *L'homme de la Mancha*, Mitch Leigh, Jacques Brel, 1968

Eh bien, vous pouvez chanter sur le même air :

> *Une île entre le ciel et l'eau,*
> *Une île sans homme ni bateau*
> *Inculte, un peu comme une insulte,*
> *Sauvage, sans espoir de voyage…*

« Une île », Serge Lama, Yves Gilbert, 1969

Vous le voyez, ça marche…

Pascal Sevran et Serge Lebrail n'ont pas fait autrement quand ils ont écrit pour Dalida une de ses plus jolies chansons : « Il venait d'avoir dix-huit ans ». Ils l'ont fait sur la musique de « Comme ils disent » de Charles Aznavour.

Essayez... À...

> *J'habite seul avec maman*
> *Dans un très vieil appartement*
> *Rue Sarasate,*
> *J'ai pour me tenir compagnie*
> *Une tortue, deux canaris,*
> *Et une chatte...*
>
> « Comme ils disent », Charles Aznavour, 1973

... substituez :

> *Il venait d'avoir dix-huit ans,*
> *Il était beau comme un enfant,*
> *Fort comme un homme.*
> *C'était l'été évidemment*
> *Et j'ai compté en le voyant*
> *Mes nuits d'automne...*
>
> « Il venait d'avoir dix-huit ans », Pascal Auriat, Pascal Sevran, Serge Lebrail, Jean Bouchety, 1973

Vous constatez que ça fonctionne aussi.

Aznavour avait déjà inspiré, quelque vingt ans auparavant, un autre auteur en quête de musique. En effet, Pierre Delanoë, parolier alors novice, avait écrit « Mes mains » pour Bécaud sur la musique de « Plus bleu que tes yeux »...

> *Plus bleu que le bleu de tes yeux,*
> *Je ne vois rien de mieux*
> *Même le bleu des cieux.*
> *Plus blond que tes cheveux dorés*
> *Ne peut s'imaginer,*
> *Même le blond des blés.*
>
> « Plus bleu que tes yeux », Charles Aznavour, 1951

... est devenu :

> *Mes mains dessinent dans le soir*
> *La forme d'un espoir*
> *Qui ressemble à ton corps.*
> *Mes mains, quand elles tremblent de fièvre,*
> *C'est de nos amours brèves*
> *Qu'elles se souviennent encore...*

« Mes mains », Pierre Delanoë, Gilbert Bécaud, 1954

Vous le voyez, cela peut être une excellente méthode et l'usage n'en est pas difficile. Simplement – faut-il le souligner ? –, quand votre texte est fini, ne dites surtout pas au compositeur sur quelle mélodie vous l'avez construit. Il importe de ne pas l'influencer pour qu'il soit libre d'écrire une musique nouvelle et personnelle. Dans les trois cas cités, ni Yves Gilbert, ni Pascal Auriat, ni Gilbert Bécaud n'ont su, à l'époque, quel était l'air qui, à l'origine, avait inspiré les mots de leur partenaire auteur.

Paroles sans musique, variez la métrique, ou impair... et gagne

À présent, imaginons que vous ne vous sentiez pas encore capable d'écrire sur une musique ou que vous préfériez tout simplement faire sans. Vous voilà donc devant votre feuille blanche (la fameuse !)... Vous avez un thème, une idée, mais vous ne savez pas trop comment démarrer, quelle forme donner au texte qui devra ensuite être mis en musique.

Si je peux me permettre de vous donner un conseil, c'est celui-ci : essayez de ne pas vous servir de métriques trop régulières, ni trop tradition-nelles... Tout le monde n'est pas Jean Ferrat, capable de trouver des mélodies magnifiques pour « Aimer à perdre la raison » ou « Que serais-je sans toi » de Louis Aragon, textes écrits en octosyllabes en ce qui concerne le premier et en alexandrins pour le second. Tout le monde n'est pas Léo Ferré, compositeur inspiré de Rutebeuf, de Caussimon et, lui aussi, du fou d'Elsa. Tout le monde n'est pas non plus Julien Clerc qui a réussi à faire un tube en composant une musique sublime sur le très beau poème romantique de Marceline Desbordes-Valmore, « Les séparés », entièrement en vers de douze pieds, lui aussi !…

> *N'écris pas ! Je suis triste et je voudrais m'éteindre.*
> *Les beaux étés sans toi, c'est l'amour sans flambeau.*
> *J'ai refermé mes bras qui ne peuvent t'atteindre*
> *Et frapper à mon cœur, c'est frapper au tombeau.*
> *N'écris pas ! N'apprenons qu'à mourir à nous-mêmes…*

« Les séparés », Marceline Desbordes-Valmore, Julien Clerc, 1996

J'espère que les notes de Julien chantent dans votre tête sur les mots de Marceline. C'est réellement magnifique et on oublie totalement que ce sont des alexandrins, des quatrains très classiques, qu'il s'agit d'un poème du XIXᵉ siècle mis en musique par un compositeur contemporain. C'est devenu une chanson intemporelle.

Mais, encore une fois, tout le monde n'a pas ce talent, loin de là ! Alors, comment faire ? Reprenons notre Verlaine :

> *De la musique avant toute chose*
> *Et pour cela, préfère l'impair,*
> *Plus vague et plus soluble dans l'air*
> *Sans rien en lui qui pèse ou qui pose…*

« L'art poétique », Paul Verlaine, 1881

Or il est vrai que la plupart du temps, sous l'influence des souvenirs scolaires, lorsque l'on ne dispose pas d'une musique, on a tendance à écrire en octosyllabes, en demi-alexandrins ou en alexandrins, en vers pairs, par conséquent. Il serait bon de cesser ce « ronron », d'oser d'autres métriques, impaires, plus courtes, plus nerveuses, plus variées. Se mettre en danger sur le plan de la forme, ne pas céder à la facilité ordinaire, aux cadences trop attendues et usées, permet souvent de se dépasser sur le plan du fond. L'octosyllabe et l'alexandrin constituent des boulevards, des autoroutes, où l'on est tenté d'être verbeux, où l'on se laisse aller volontiers au remplissage ou à la digression, où la cadence trop maîtrisée ou trop ordinaire inspire souvent des formules convenues. Souchon et Voulzy l'ont bien compris et nous montrent la voie. Comme ils ont su, eux, casser la métrique traditionnelle, travailler sur des vers souvent impairs, toujours variés :

> *Comme elle est partie, Jim a les nerfs (9),*
> *Jimmy boit du gin dans sa Chrysler (9)*
> *La presqu'île, le boul'vard de la mer est con, (11)*
> *Comme elle est partie, attention, Jimmy tourne en rond. (13)*

« La ballade de Jim », Alain Souchon, Laurent Voulzy, 1986

Avouez que ça décoiffe et que c'est terriblement expressif. Ils ont d'ailleurs commencé tôt :

> *J'ai dix ans (3)*
> *Je sais que c'est pas vrai mais j'ai dix ans, (10)*
> *Laissez-moi rêver que j'ai dix ans, (9)*
> *Ça fait bientôt quinze ans que j'ai dix ans. (10)*
> *Ça paraît bizarre mais (6)*
> *Si tu m'crois pas, hé… (5)*
> *Tare ta gueule à la récré. (7)*

« J'ai dix ans », Alain Souchon, Laurent Voulzy, 1974

Quelle variété dans la métrique !… Quelle inventivité à la fois dans la forme et dans le fond, l'une n'étant évidemment pas étrangère à l'autre. Merci, Alain et Laurent, d'avoir bousculé nos habitudes trop classiques, trop frileuses, tout en nous faisant vibrer, sourire, rêver. Puissions-nous retenir la leçon (je sais qu'en plus, vous êtes humbles et que le mot ne vous plaira pas…). Je pense souvent à vous lorsque j'écoute un CD que l'on m'a remis et sur lequel on me demande mon sentiment. La plupart des textes écrits par ces jeunes groupes qui, en toute sincérité, s'imaginent innovants, sont en octosyllabes, en demi-alexandrins ou en alexandrins… Leurs mots, coincés dans cette gangue métrique, génèrent des mélodies d'une pauvreté rédhibitoire. Alors que leurs œuvres ont cent ans (j'exagère à peine), ils se donnent l'illusion de la modernité et de l'originalité en ornementant leurs orchestrations de rythmiques et d'accords un peu *hard.* Le tour est joué : pour eux-mêmes, quelques copains et quelques folliculaires, ils sont classés rock, donc sauvés. En réalité – et le public, lui, ne s'y trompe pas – ils flirtent dangereusement avec le mirlitonisme aigu… Qu'ils écoutent nos deux compères si génialement modestes, Laurent et Alain, qu'ils écoutent aussi le cher Lélian… Et, pour cela, préfèrent l'impair…

Qu'ils écoutent Brel :

> *Ne me quitte pas,*
> *Il faut oublier,*
> *Tout peut s'oublier*
> *Qui s'enfuit déjà…*

« Ne me quitte pas », Jacques Brel, 1959

Des pentasyllabes, eh ! oui…

Nougaro :

> *Dès l'aérogare,*
> *J'ai senti le choc,*
> *Un souffle barbare,*
> *Un remous hard-rock.*
> *Dès l'aérogare,*
> *J'ai changé d'époque,*
> *Come on, ça démarre*
> *Sur les starting-blocks.*

« Nougayork », Claude Nougaro, Philippe Saisse, 1987

Et Brassens :

> *Dans un coin pourri*
> *Du pauvre Paris,*
> *Sur une place,*
> *L'est un vieux bistrot*
> *Tenu par un gros*
> *Dégueulasse.* (5 5 3 5 5 3)

« Le bistrot », Georges Brassens, 1960

On pourrait en citer mille autres (savourez, par exemple « La Dame de Haute-Savoie » de Cabrel).

Allez, vive donc le vers impair et vivent aussi les variations métriques. Elles ne sont pas difficiles, non plus, à pratiquer. Trois vers plus longs et un plus court, par exemple avec Boby Lapointe :

> *Au pays da ga d'Aragon,*
> *Il y avait tugud'une fille*
> *Qui aimait les glaces au citron*
> *Et vanille.*

« Aragon et Castille », Boby Lapointe, Étienne Lorin – Boby Lapointe, 1961

Ou une alternance long, court, long, court avec Michel Sardou et moi-même :

> *Je n'imaginais pas les cheveux de ma mère*
> *Autrement que gris-blanc*
> *Avant d'avoir connu cette fille aux yeux clairs*
> *Qu'elle était à vingt ans.*

« Une fille aux yeux clairs », Michel Sardou – Claude Lemesle, Jacques Revaux, 1974

Mille possibilités s'offrent à vous. À vous de les trouver, de les explorer, pourquoi pas de les inventer.

Pourquoi pas paroles et musique, en même temps ?

Je ne peux pas terminer ce chapitre sans évoquer la manière idéale, selon moi, de travailler pour arriver au mariage parfait mots/ musique. Lorsque j'ai une idée (ça m'arrive !…), j'en raconte le scénario au compositeur qui peut alors écrire sa musique en tenant compte uniquement de mon histoire, de ce qu'elle a de particulier et d'inspirant, sans aucune contrainte métrique. Une fois son travail terminé, il m'est alors facile d'écrire le texte puisque la mélodie et le rythme reproduisent, en principe, l'ambiance que j'ai évoquée devant mon complice musicien. J'ai procédé de cette façon pour, entre autres, deux chansons interprétées par Serge Reggiani : l'une avec Alain Goraguer, « Le souffleur », l'autre avec Alice Dona, « Le barbier de Belleville ». J'en use de même, actuellement, avec le jeune et talentueux Willy Denzey.

Essayez, je crois que c'est un bon plan. Quant à ceux d'entre vous qui souhaiteraient s'exercer sur une musique préexistante, comme Delanoë pour « Mes mains » sur la mélodie d'Aznavour, je leur propose la même chose qu'au chapitre précédent : qu'ils m'envoient le résultat de ce travail et je leur promets de réagir. À vos plumes !…

Pardonne moi ma mère
                    mon père
Si je chante les con

on ne me reçoit plus
Dans les cafés calcul-
la misère
66 l'année du salut
Pardons moi ma mère *Brassens*

Si je chante les putain,
club mon desbin
j'suis l'pornographe
du phonographe

mon fils à sa sœur Pénélope
                        salope
                   Sa mère
ma fille qu'elle enqueulait
La braillée le putain
comme j'enleverai;
on m'a dit t'as l'air du con
et le bébé a dit club un bordel

▲ « Le pornographe » (1958)
Brouillon de Georges Brassens

▲ Jacques Paoli, Carlos, Serge Reggiani, Serge Lama, Mélina Mercouri et Claude Lemesle
(© Photo : C. Wallis)

▲ Jacques Revaux, Pierre Delanoë, Michel Sardou et Claude Lemesle
(© Méditerranée - Photo)

Premier jet de « Et si tu n'existais pas » (1975) ▶
Interprétée par Joe Dassin
Paroles de Claude Lemesle et Pierre Delanoë

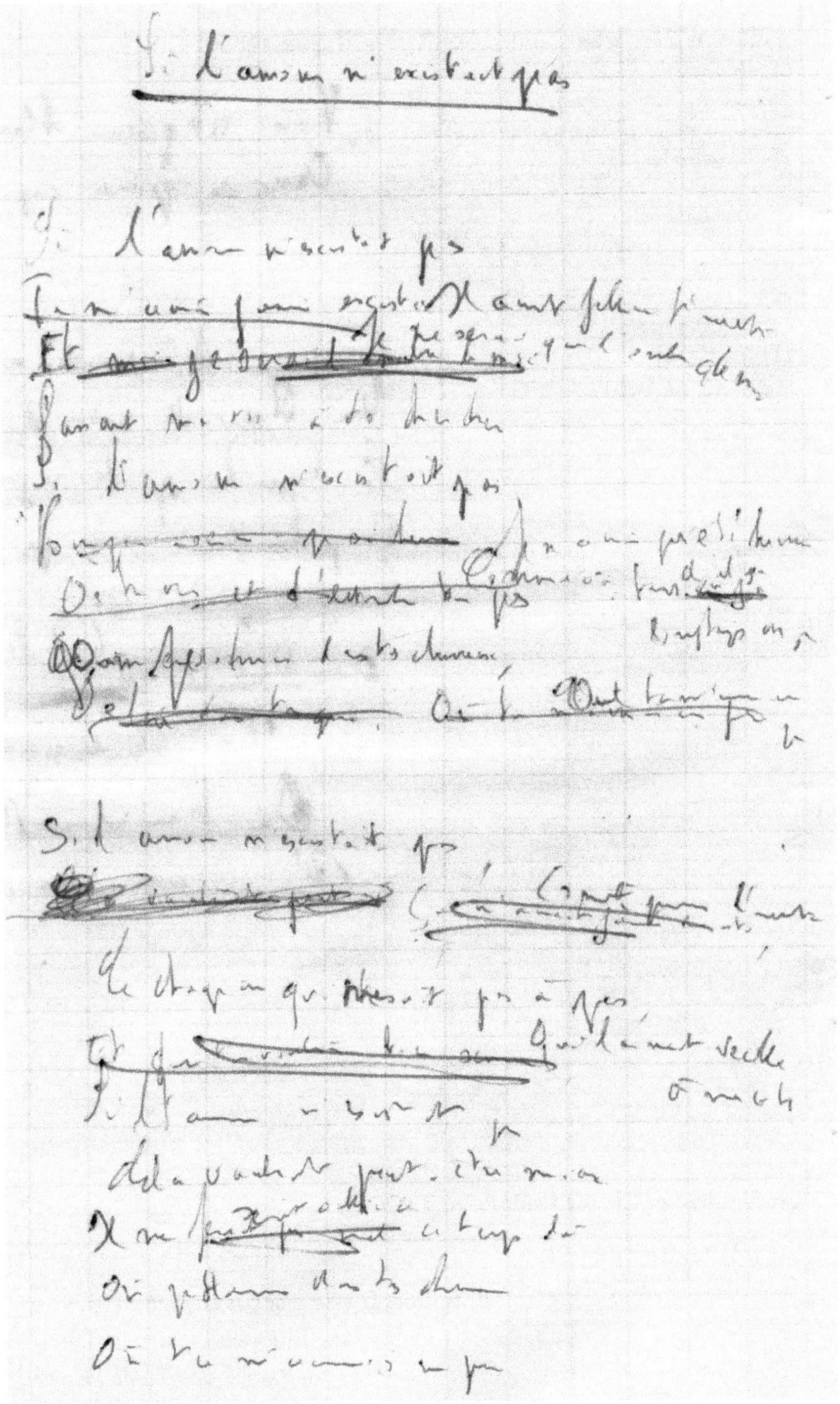
Si l'amour n'existait pas

▲ Joe Dassin et Claude Lemesle en 1974

▲ Mort Shuman et Claude Lemesle en 1985

Brouillon de « Je n'ai pas changé » (1979) ▶
Interprétée par Julio Iglesias
Paroles de Claude Lemesle

Michel Fugain ▶
et Claude Lemesle
en 1994
© Photo Emmanuelle

▲ Alice Dona, Claude Lemesle et Laurent Boyer en 1995

« Le barbier de Belleville » (1976) ▶
Première esquisse avec la découpe
Interprétée par Serge Reggiani
Paroles de Claude Lemesle

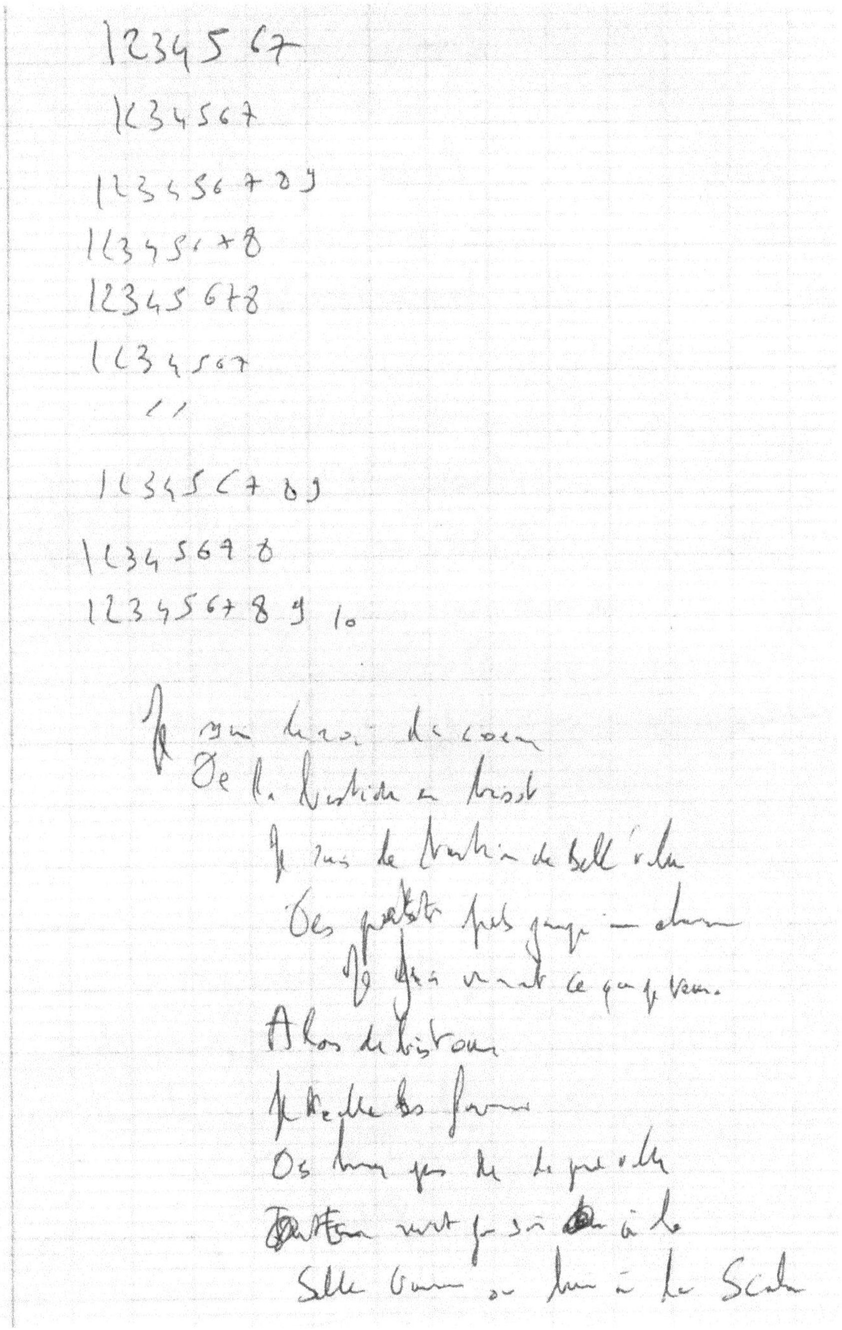

1234567

1234567

123456789

12345678

12345678

1234567

//

123456789

123456780

12345678910

▲ Claude Lemesle et Gilbert Montagné en 1995

▲ Claude Lemesle, Gilbert Bécaud et Pierre Delanoë en 1998
© Photo Sacem Michel Martin

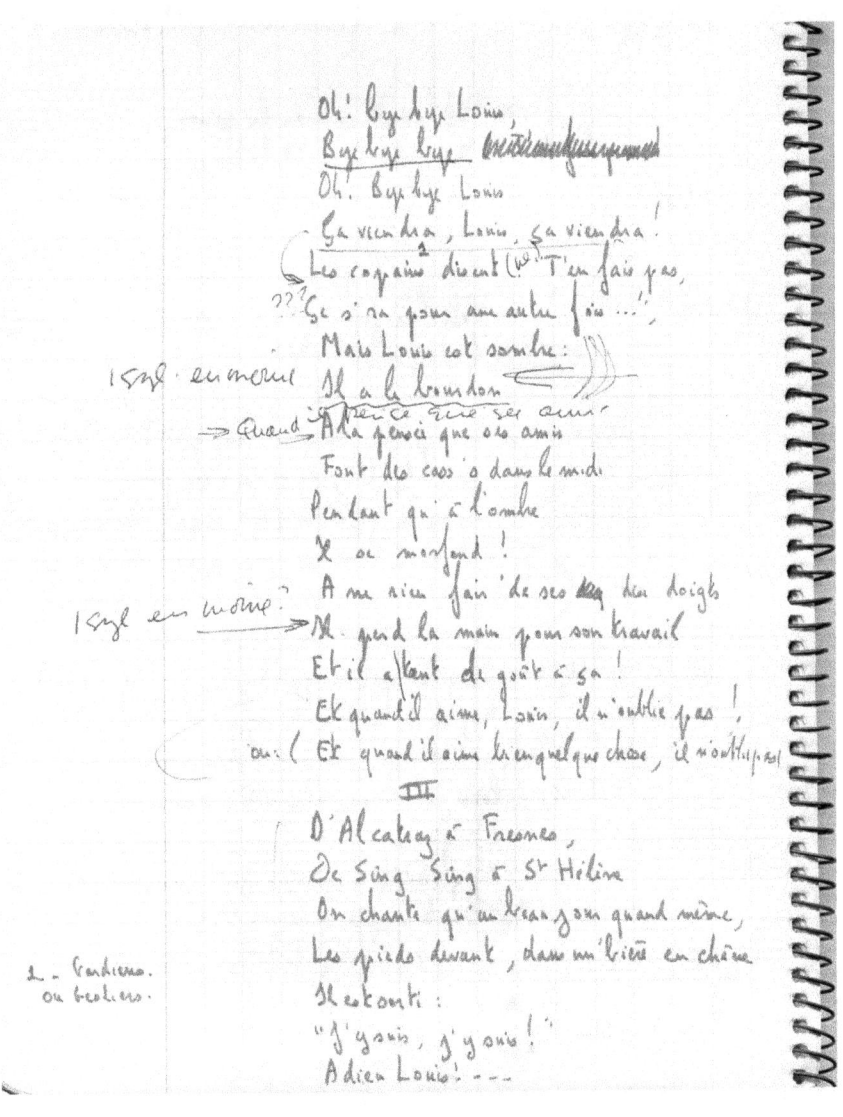

▲ « Bye bye Louis » (1971)
Paroles de Ricky Dassin et Claude Lemesle
Musique de Joe Dassin
Notes en bleu de Joe Dassin

▲ Sacha Distel et Claude Lemesle

◀ Carlos
et Claude Lemesle
en 1998

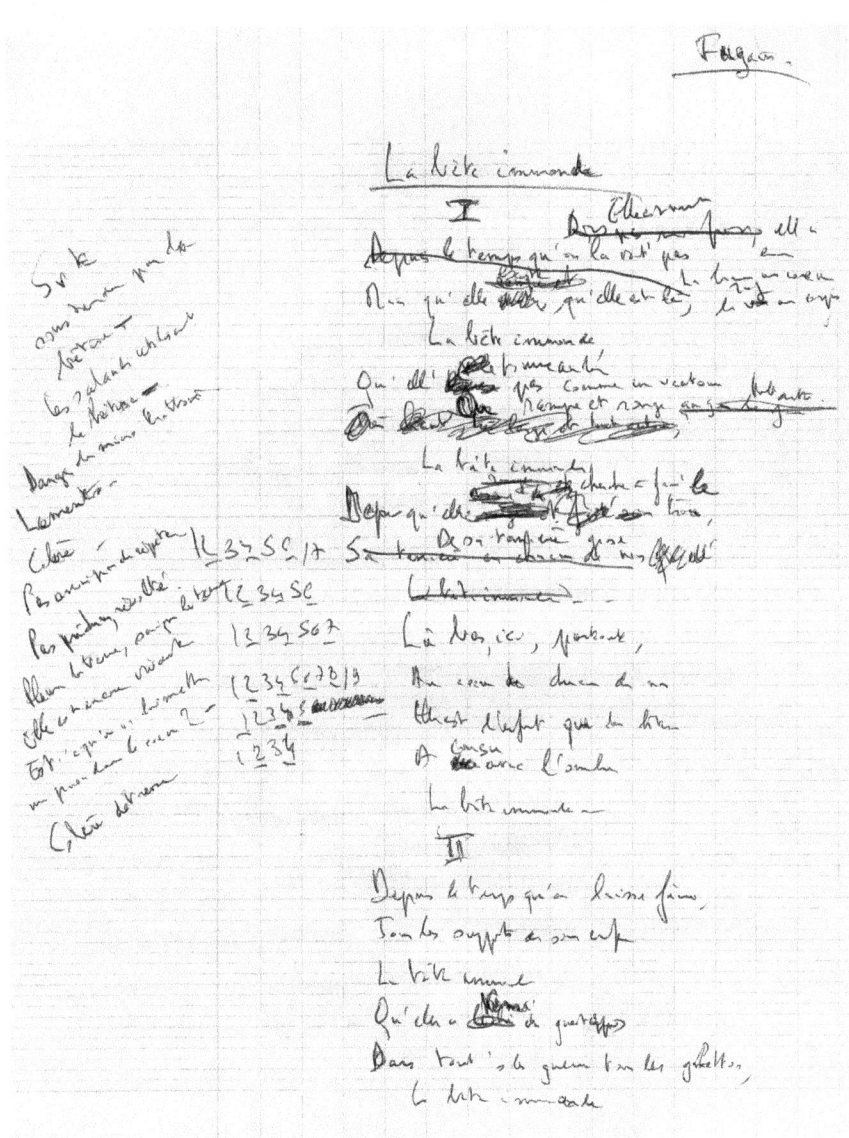

▲ « **La bête immonde** » (1994)
Interprétée par Michel Fugain
Paroles de Claude Lemesle

▲ Claude Lemesle et Isabelle Aubret

▲ Claude Lemesle et Serge Reggiani

La rime ou la raison ?

Dans son *Art poétique*, déjà évoqué au chapitre précédent et qui reste une Bible, quoiqu'en ait dit ultérieurement l'auteur, Paul Verlaine écrit :

Ô qui dira les torts de la rime !
Quel enfant sourd ou quel nègre fou
Nous a forgé ce bijou d'un sou
Qui sonne creux et faux sous la lime.

« L'art poétique », Paul Verlaine, 1881

C'est sévère, mais il est vrai que la pratique aveugle de cette coquetterie sonore, caractéristique de la poésie française, amène certains versificateurs à écrire parfois n'importe quoi, à choisir un mot « pour la rime », gratuitement, au détriment de l'émotion et du sens même de leur texte.

Essayons de remonter le temps, de voir comment la rime est née, et comment nous en avons hérité.

Avant la rime, était le rythme, ou la diversité des systèmes de scansion dans la poésie antique

Les poésies antiques, grecques et latines ne la connaissaient pas, je l'ai déjà évoqué dans le chapitre précédent. Ce qui caractérisait le vers, il y a plus de deux mille ans, c'était la diversité des systèmes de scansion (tiens, tiens, on revient à l'accent tonique !...) : les vers étaient constitués de différents mètres (ou pieds), de groupes de syllabes composés de brèves (syllabes qu'on prononce rapidement) et de longues (syllabes, voyelles qu'on prononce plus lentement) qui favorisaient ladite scansion. On peut en donner quelques exemples :

- le dactyle : une longue, deux brèves ;
- l'anapeste : deux brèves, une longue ;
- l'iambe : une brève, une longue ;
- le trochée : une longue, une brève ;
- le spondée : deux longues ;
- le tétraque : trois brèves.

Il y en avait bien d'autres – une cinquantaine en ce qui concerne la poésie latine –, mais, je le répète, pas de rimes.

À la fin de l'ère latine, c'est l'Église qui découvre et adopte la rime

Les rimes sont apparues avec les vers dits léonins, du nom de Léon, chanoine de Saint-Victor, qui les mit en vogue au XIIIᵉ siècle. On en trouvait déjà quelques rares exemples chez Virgile (70-19 av. J.-C.) :

> *Quamvis multa meis /*
> *exitet victima sceptis.*

Leur caractéristique était que les deux hémistiches devaient rimer ensemble, comme on peut le constater dans le vers cité ci-dessus, et on les trouvait surtout dans la poésie élégiaque, mais c'était loin d'être la règle.

La rime en fin de vers n'apparaît qu'au IVᵉ siècle dans la pièce qui termine *Les Instructions* de Commodien, mais ce sont en réalité les hymnes liturgiques de l'Église catholique qui vont l'imposer pour des raisons à la fois euphoniques et mnémotechniques. La rime ayant pour objet d'indiquer la fin de la période rythmique qu'est le vers et d'appeler un écho à la dernière syllabe d'un autre vers, elle rend la mémorisation des phrases plus facile lorsqu'il s'agit de les chanter en chœur.

Ce n'est que dans le courant du IXe siècle, lorsque naît vraiment la langue française (dont le serment de Strasbourg, en 842, est considéré comme le premier document) que la rime s'impose vraiment, soit en tant que telle, soit sous forme d'assonance – où la répétition porte seulement sur la voyelle tonique, par exemple personne avec homme.

On peut citer, entre autres, la chanson de Raoul de Cambrai (fin XIIe-début XIIIe) dont une moitié est rimée (la plus ancienne) et l'autre assonancée (paradoxalement, la plus récente).

Cette répétition sonore « *destinée d'abord à marquer la terminaison de la période rythmique devient, avec le nombre de pieds, une caractéristique de la versification française* » (*Grand Larousse Universel*, édition de 1985).

À partir de la Renaissance, les poètes s'en mêlent en ajoutant parfois un bémol à la rime

Le pli est pris. Désormais, nos poètes rimeront. Ronsard (1524-1585), dans son *Art poétique*, le conseille, en tout cas, vivement : « *La rime n'est autre chose qu'une consonance et cadence de syllabes, tombantes sur la fin des vers, laquelle je veux que tu observes tant aux masculins qu'aux féminins, de deux entières et parfaites syllabes, ou pour le moins d'une aux masculins, pourvu qu'elle soit résonante et d'un son entier et parfait.* »

Toutefois, Clément Marot, son aîné (1496-1544), avait déjà alerté ses frères amis des muses sur le problème, toujours d'actualité, du son et du sens, de la forme et du fond :

Si ne suffit d'écrire maint blason[1]
Mais il convient garder rime et raison :
Rime et raison, ainsi comme il me semble,
Doivent toujours être logés ensemble.

Chansons, Clément Marot

Au siècle suivant, Nicolas Boileau-Despréaux a manifesté le même souci et établi ses priorités en affirmant que c'est l'auteur qui commande à la rime et non le contraire :

Que toujours le bon sens s'accorde avec la rime :
L'un l'autre vainement ils semblent se haïr ;
La rime est une esclave et ne doit qu'obéir.
Lorsqu'à la bien chercher d'abord on s'évertue,
L'esprit à la trouver aisément s'habitue ;
Au joug de la raison sans peine elle fléchit
Et, loin de la gêner, la sert et l'enrichit
Mais lorsqu'on la néglige elle devient rebelle
Et pour la rattraper le sens court après elle.

Art poétique, Nicolas Boileau-Despreaux, 1674

Le cher auteur du « Lutrin » pose ici parfaitement le problème. Pour bien se servir de ce signal sonore que la versification française met à notre disposition, il faut, à force de travail, parvenir à en faire un usage naturel qui ne puisse, en aucun cas, nous amener à trahir le sens que nous voulons donner au poème. Pas de rimes gratuites, donc, négligées, tombant, selon l'expression bien connue, comme un cheveu sur la soupe. Une rime pour la rime fait tache et le lecteur du texte ou l'auditeur de la chanson la repère facilement. Que cela se répète et il « décrochera » inévitablement de l'œuvre, désenchanté. Il a raison, Boileau, ce n'est pas la rime qui commande.

---

1. Genre littéraire impliquant éloge ou blâme au moyen de jeux d'esprit.

Elle peut cependant ouvrir des voies. Au cours d'un séminaire avec mes élèves, Jean-Loup Dabadie, grand auteur et homme brillant, interrogé sur l'opportunité d'utiliser un dictionnaire de rimes répondit en substance : « *Je m'en sers peu. Je l'ouvre de temps en temps mais j'y trouve plus fréquemment qu'une rime même, une idée à laquelle je n'avais pensé.* » C'est une réflexion intéressante corroborée par le philosophe Alain (1868-1951) dans ses *Propos* du 21 août 1921 : « *Le vrai poète est celui qui trouve l'idée en forgeant le vers. Il faut que la rime soit raison. Il faut que l'on sente que l'écrivain n'aurait point tourné par là s'il avait écrit en prose, et que la belle rime a apporté avec elle l'image brillante, que rien n'expliquerait, que rien même ne justifierait sans la nécessité de rimer. Miracle toujours sensible à l'oreille du lecteur, miracle renouvelé.* »

Ne pas aimer la rime à perdre la raison

Louis Aragon (1897-1982), dans *Les Yeux d'Elsa* (1942), va plus loin encore sans contredire, toutefois, Boileau : « *Pour moi (et d'autres sans doute), la rime à chaque vers vous apporte un peu de jour, et non de nuit, sur la pensée : elle trace des chemins entre les mots d'une façon indestructible, fait apercevoir entre eux une nécessité qui, loin de mettre la raison en déroute, donne à l'esprit un plaisir, une satisfaction essentiellement raisonnable. Entendons-nous : je parle de la rime digne de ce nom, qui est à chaque fois résolution d'accord, découverte, et non pas de ce misérable écho mécanique, qui n'est qu'une cheville sonore, et qui n'a pas plus droit de cité en poésie que le mirliton n'est poète, que n'est le faiseur de bouts-rimés… * »

Chacun d'entre vous sent bien, je pense, la justesse et la beauté de la comparaison entre la rime et la résolution d'accord, l'une finissant le vers, l'autre, la phrase musicale.

Dans une œuvre antérieure (*Le Crève-Cœur*, 1941), le grand poète commentait ainsi les réserves émises par des hommes tels que Paul Verlaine (« *Tu feras bien, en train d'énergie / De rendre un peu la Rime assagie / Si l'on n'y veille, elle ira jusqu'où ?... »)* et même le rejet de certains de ses confrères contemporains : « *Ce dégoût de la rime provient avant toute chose de l'abus qui en a été fait dans un but de pure gymnastique, si bien que, dans l'esprit de la plupart des hommes, rimer, qui fut le propre des poètes, est devenu par un étrange coup du sort, le contraire de la poésie.* »

Il est vrai qu'au vingtième siècle, beaucoup de versificateurs s'en sont passés ou l'ont utilisée très chichement. Le parallélisme sonore traditionnel est devenu approximatif, voire inexistant. Apollinaire avait, dès la première décennie, pris des libertés avec lui, allant jusqu'à faire rimer masculines et féminines, ce qui eût été une hérésie pour la quasi-totalité de ses prédécesseurs.

En revanche, bon an mal an, la chanson a continué à utiliser la rime qui en est restée un élément caractéristique, sinon essentiel. L'oreille et l'esprit sont habitués à cette coquetterie récurrente et l'attendent. Il est encore assez rare de voir un parolier la négliger ou la zapper – pour employer un langage d'aujourd'hui… mais l'image est parlante ! Puisqu'elle survit à plus de quinze siècles d'usage, respectons cette vieille dame. Elle a sans doute encore de beaux vers devant elle, mais n'oublions pas Boileau : qu'elle nous inspire au lieu de nous peser. La rime a besoin de l'auteur pour exister, et non le contraire.

Mieux vaut une bonne assonance qu'une rime forcée

Imaginons qu'après de longues recherches, après avoir malmené votre cervelle comme un shaker, vous soyez tenté, de rime lasse, de mettre n'importe quel mot pourvu que, justement, il rime, abandonnant ainsi toute ambition sur le plan du sens et de l'émotion… Résistez ! Ne vous laissez pas faire. Ayez une petite pensée pour Dassin et son « nirvana des chansons ». Là où la rime idéale (celle qui à la fois sonne et signifie) est introuvable, utilisez une simple assonance. Nous avons vu que nos lointains confrères du Moyen Âge non seulement n'hésitaient pas à le faire, mais s'en servaient abondamment.

Les rimes en « ombre », par exemple, sont peu nombreuses et bien souvent parentes les unes des autres : si le héros de votre chanson se trouve être dans l'ombre, qu'il y fait sombre et qu'il en sort pour entrer dans la pénombre, vous allez frôler la correctionnelle verbale. Comme vous avez très peu de chances, dans cette situation, de pouvoir utiliser le mot concombre, cucurbitacée qui n'encombre pas les fichiers de la SACEM, ralliez-vous au panache discret et indolore de l'assonance : les mots en « onde », en « ondre », en « ombe », en « omble », en « onte », en « ontre », en « ongle » – et j'en passe ! – feront parfaitement l'affaire. Et si, en plus, pour le plus grand nombre, la route est longue lorsqu'il s'agit de sortir de l'ombre, personne ne vous fera de procès – ce qui serait un comble…

L'assonance consiste, je le répète, en la seule répétition de la voyelle tonique ou de celle-ci accompagnée d'une autre voyelle (ai-au-eu-oi-ou, etc.), d'un m ou d'un n (am, an, em, en, im, in, etc.), les consonnes de la syllabe féminine étant différentes (ogre et octobre, femme et calme, libre et vivre, humble et simple, élève et lèvre, brume et brune, décembre et ensemble, septembre et tendre, etc.). Quand il s'agit d'une chanson, l'oreille n'enregistre pas la différence et rimer plus riche tient plus de la coquetterie esthétique que de la conscience poétique.

Même Brassens, pourtant si habile et si rigoureux, ne s'embarrasse pas de scrupules inutiles lorsque seule l'assonance peut enrichir son idée :

> *Avec des pétales de <u>rose</u>,*
> *Un bout de corsage lui fis,*
> *La belle n'était pas bien <u>grosse</u>,*
> *Une seule rose a suffi.*

« Dans l'eau de la claire fontaine », Georges Brassens, 1967

71

Ou encore :

> *Alors, du ciel et de la <u>terre</u>,*
> *Il me faudra faire mon deuil.*
> *Est-il encore debout, le <u>chêne</u>,*
> *Ou le sapin de mon cercueil.*

« Le testament », Georges Brassens, 1955

Dans ce quatrain, on peut clairement discerner le choix de l'artisan : il privilégie la richesse de l'image, du sens, par rapport à celle du son. Tout autre mot que chêne, qui lui eût été préféré pour de simples raisons techniques (avec une rime meilleure à la dernière syllabe) aurait affaibli l'idée et l'émotion qu'elle suscite. Le choix de Brassens est donc évidemment le bon.

Les exemples d'assonances sont multiples dans la chanson. Certaines sont particulièrement audacieuses et me réjouissent comme, chez Brassens – encore lui ! –, « *bouillon de onze heures* » et « *gueule* » (dans « Sauf le respect que je vous dois ») et, chez Delpech :

> *Elle s'est fait jeter dans l'<u>Indre</u>*
> *Par tout mon fan-<u>club</u>.*
> *J'avais une vie d'<u>dingue</u>*
> *Quand j'étais chan<u>teur</u>...*

« Quand j'étais chanteur », Jean-Michel Rivat – Michel Delpech, Roland Vincent, 1975

Avouez que *Indre* et *dingue*, il faut le faire et que *fan-club* et *chanteur*, c'est audacieux !... Moi, j'aime bien.

On peut aller jusqu'à dire, pour parodier l'auteur des « Funérailles d'antan », que quelquefois, il semble souhaitable de « ... *même à la grande rigueur ne pas rimer du tout* ». Au cours de ma toute première rencontre avec Bénabar, un jeune homme dont j'apprécie beaucoup les chansons et la façon dont il les défend sur scène, je lui faisais remarquer que lorsqu'il était sur la lancée d'une idée à laquelle il tenait et qu'il ne trouvait pas la rime adéquate, il préférait ne pas rimer plutôt que de le faire en trahissant plus ou moins son sujet. Il m'a confirmé que c'était là un choix tout à fait délibéré et non du laxisme verbal. Gérard de Nerval écrit d'ailleurs dans *Les Filles du feu* (1854) : « *Il est possible de ne pas rimer en poésie ; c'est ce que savent les Allemands qui, dans certaines pièces, emploient seulement les longues et les brèves à la manière antique.* » Eh ! oui, toujours le fameux accent tonique.

Quand Brassens cache sa rime ou quand Brel l'ignore

Il est amusant de constater que parfois, lorsque Brassens met ses mots en musique, cela ne semble absolument pas le déranger de le faire d'une manière telle que l'oreille ne perçoit pas les rimes, pourtant sophistiquées, dont il a doté son texte :

> *J'ai l'honneur <u>de</u>*
> *Ne pas te <u>de</u>-*
> *-Mander ta main,*
> *Ne gravons <u>pas</u>*
> *Nos noms au <u>bas</u>*
> *D'un parchemin.*

« La non-demande en mariage », Georges Brassens, 1966

C'est très sensible, surtout dans le dernier tercet. Pour ceux qui ont bien la musique en tête, il est clair que la découpe, sur le rythme de la mélodie, se fait ainsi *: « Ne gravons pas nos noms / Au bas d'un parchemin »*, ce qui, évidemment, ne rime pas. De la même façon, dans « Honte à qui peut chanter » :

> *Honte à cet effronté qui peut chanter pendant*
> *Que Rome brûle, elle brûle tout le temps...*

« Honte à qui peut chanter », Georges Brassens, 1985

La coupure musicale se fait nettement sur *« Rome brûle »*, si bien qu'on ne sent pas la rime non plus.

Il se trouve même des cas – rares, mais pourquoi ne pas les évoquer ?
– où l'absence volontaire de rime est génératrice d'un choc, d'une
véritable bouffée d'émotion ; ainsi, Brel dans « La Fanette » :

> *Faut dire que c'est bien ce jour-là*
> *Qu'ils ont nagé si bien,*
> *Qu'ils ont nagé si loin*
> *Qu'on ne les revit pas.*
> *Faut dire qu'on ne nous apprend pas*
> *– Mais parlons d'autre chose...*

« La Fanette », Jacques Brel, 1963

Là, la rime reste en l'air et ça fait mal, bien sûr, d'autant plus que,
dès le vers suivant, il en reparle :

> *Nous étions deux amis et Fanette l'aimait...*

Décliner la rime de l'accord parfait au silence sans se plier à ses caprices

On peut donc utiliser l'assonance avec bonheur, parfois même ne pas
rimer. Il n'empêche que la rime reste un des éléments sonores essentiels
en matière de chanson... Et Dieu sait si les jeunes créateurs ont ce mot
à la bouche, à l'heure actuelle : le son ! Passant, comme c'est souvent le
cas, d'un extrême à l'autre, nous avons largué une époque où personne
– ou presque – ne s'en souciait (surtout dans la très sérieuse chanson à
texte « rive gauche » qui ne se voulait que contenu), pour une ère
nouvelle où c'est bon ou pas selon que ça sonne ou non... C'est ainsi
que, même dans les textes les plus pauvres, les plus mal fichus, un
Robinson subsiste, fièrement planté dans son désert d'idées : la rime.

Sainte-Beuve (1804-1869) écrit dans *Vie, poésies et pensées de Joseph
Delorme* :

> *Rime qui donne leurs sons*
> *Aux chansons...*

Eh ! bien, c'est encore vrai, même si la suite est plus contestable :

Rime, l'unique harmonie
Du vers qui sans tes accents
Frémissants,
Serait muet au génie…

Vie, poésies et pensées de Joseph Delorme, Sainte-Beuve, 1829

C'est sans doute lui faire beaucoup d'honneur, et elle ne mérite ni cet excès, ni l'indignité dans laquelle Verlaine s'amuse à imaginer qu'elle est tombée. Elle n'est au fond qu'un instrument dont le parolier doit savoir jouer de toute la gamme des possibilités, de l'accord parfait au silence. Elle reste, pour l'instant, un des moyens de nous exprimer sur la musique :

J'n'ai pas en vérité
Une bonne voix pour chanter,
Mais quand mon cœur s'exprime,
Il trouve des mots qui riment

« La famille musicienne », Charles Trenet, 1963

On peut la cultiver quand on en a envie ou quand il nous semble qu'elle s'impose, mais en se gardant bien de lui donner la priorité. Ni la cohérence du récit ni l'émotion qu'il génère ne doivent en souffrir. Une petite anecdote à ce propos : j'ai déjà évoqué « Le barbier de Belleville », chanson écrite, avec Alice Dona comme compositeur, pour Serge Reggiani. Comme le papa de ce merveilleux interprète était coiffeur et que Serge lui-même avait été son apprenti, j'ai l'idée de lui faire chanter l'histoire d'une vocation contrariée, celle d'un Figaro dont les ambitions lyriques sont contrecarrées par une aphonie rédhibitoire. Comme, d'une part, j'ai décidé de faire rire avec ce sujet et que, d'autre part, j'ai demandé à Alice de me composer une musique dans le style « opéra », un pastiche de Rossini, je décide de tout écrire en rimes riches : Reggiani est, en effet, un chanteur à texte et j'ai envie de faire taire à l'avance les critiques qui pourraient naître du fait qu'il chante une chanson « comique », en soignant particulièrement la forme :

> *Je suis le roi du <u>ciseau</u>,*
> *De la barbiche en <u>biseau</u>[1],*
> *Je suis le barbier de Belle<u>ville</u>.*
> *Des petits poils jusqu'aux <u>cheveux</u>*
> *Je fais vraiment ce que <u>je veux</u>.*
> *J'ai toujours été <u>hanté</u>*
> *Par le désir de <u>chanter</u>*
> *Manon, Carmen ou Corne<u>ville</u>...*

Le reste est à l'avenant :

> *Je fais un métier que j'<u>adore</u>*
> *Mais je voudrais chanter tor<u>éador</u>...*

« Le barbier de Belleville », Claude Lemesle, Alice Dona, 1977

Alice et moi nous rendons chez Serge pour lui jouer notre œuvre, un peu tremblants comme d'habitude... Ma collaboratrice s'installe au piano, chante notre chanson. L'artiste semble ravi. Il doit déjà imaginer *in petto* le numéro qu'elle va lui permettre de faire sur scène. Il nous complimente et nous affirme qu'il la « prend ». Alice et moi sommes, bien sûr, soulagés, ravis. C'est alors que bêtement, mû par une stupide coquetterie d'auteur – j'ai alors trente ans et ça me passera avec l'âge... –, je lui fais remarquer : « Tu as vu, Serge, j'ai tout écrit en rimes riches. » Alors celui-ci, sérieux ou goguenard – allez savoir avec lui !... – de me répliquer : « C'est quoi, une rime riche ?... »

Bonne question !... C'est quoi, au fait ? Ouvrons le *Petit Larousse*, édition 2007. Qu'en dit-il ? « *Rimes riches : rimes qui comportent trois éléments vocalistiques ou consonantiques communs.* » En clair, cela veut

---

1. Dans le cahier couleur, vous remarquerez que je commets une faute d'orthographe en rédigeant le premier brouillon (personne n'est à l'abri !).

dire que deux syllabes riment intégralement, par exemple paître et champêtre ou chemin et parchemin.

Pour en revenir à l'anecdote elle-même et la conclure, ma frustration fut de courte durée car mon effort en matière de rimes me valut les premiers compliments de Brassens « Bravo, Monsieur, vos chansons sont vraiment bien faites » et les encouragements paternellement confraternels de mon grand ami et aîné, Jean Dréjac : « Il est rare qu'aujourd'hui, on soigne la forme. Je te félicite de l'avoir fait. » Au moins deux personnes s'en étaient donc aperçu mais pas mon chanteur !...

Il y a rime et rime, ou on ne prête qu'aux riches

Quelques remarques encore, en vrac, sur le sujet de ce chapitre... Méfiez-vous des faux amis. D'une part, ce n'est pas parce que deux mots se terminent de la même façon qu'ils riment obligatoirement. La rime est faite pour l'oreille et non pour l'œil, quoique ait pu en penser Malherbe, et c'est encore plus vrai dans la chanson. C'est ainsi que « amer » ne saurait rimer avec « aimer », pas plus que « monsieur » avec « sœur » ni que « femme » avec « gemme »... (allez le caser, celui-là !)

D'autre part, lorsque la voyelle est longue dans un mot et brève dans l'autre, la rime me semble extrêmement faible : par exemple « côte » et « note », « môme » et « homme », « zone » et « bonne » (à moins que vous ne soyez Francis Cabrel dont l'accent du Sud-Ouest arrange tout). Je ne recommande pas non plus les rimes entre les mots en é et ceux en è, qui me semblent bien pauvres elles aussi, comme « brûlé » et « laid » ou « montré » et « trait ». La rime en é étant – et de loin – la plus abondante de la langue française, on pourrait tout de même faire un effort... ce que moi-même, je l'avoue mais ne m'en vante pas, je n'ai pas toujours fait :

> *Il y a les filles que l'on aime*
> *Et celles qu'on aurait pu ai<u>mer</u>*
> *Puis un jour il y a la femme qu'on atten<u>dait</u>.*

« La fleur aux dents », Claude Lemesle, Joe Dassin, 1970

Je n'avais que vingt-quatre ans… Péché de jeunesse !…

Évitez aussi de faire rimer un mot simple avec son composé (« lire » et « relire », « voir » et « prévoir », « battre » et « combattre ») ou son contraire trop proche (« facile » et « difficile »). Vous valez mieux que ça !…

Pour en finir avec la rime

S'agissant de la traditionnelle alternance rimes masculines, rimes féminines, elle n'est plus guère de mise actuellement. Elle avait pourtant son charme :

> *Je n'avais jamais ôté mon chapeau*
> *Devant personne,*
> *Maintenant je rampe et je fais le beau*
> *Quand elle me sonne.*

« Je me suis fait tout petit », Georges Brassens, 1955

On peut toujours l'utiliser, bien sûr (qui nous l'interdirait ?), mais elle n'est plus la règle. Et dire qu'il n'y a pas si longtemps, la SACEM, lors de l'examen qu'elle faisait passer aux postulants auteurs, imposait encore cette alternance !… Souvenirs, souvenirs… Antoine Furetière[1] (1619-1688) ne pourrait plus aujourd'hui écrire ces quelques lignes hilarantes, dignes de Molière et de Monsieur Jourdain : *« Ce brave maître lui apprit aussi qu'il y avait des rimes masculines et féminines ; sur quoi Bélâtre lui dit avec admiration : Est-ce donc que les vers s'engendrent comme animaux, en mettant le mâle avec la femelle ? »*

Quant aux systèmes de rimes traditionnels – rimes suivies (AABB), rimes croisées (ABAB), rimes embrassées (mes préférées : ABBA) –,

---

1. Dans son *Roman bourgeois* en 1666.

on ne peut que les évoquer rapidement, la chanson offrant mille possibilités de sortir du quatrain classique. On peut ainsi travailler par groupes de trois vers (tercets) :

> *Avant de chanter*
> *Ma vie, de faire des*
> *Harangues,*
> *Dans ma gueule de bois,*
> *J'ai tourné sept fois*
> *Ma langue…*

« Le vin », Georges Brassens, 1957

Dans ce cas, comme vous pouvez le constater, les deux premiers vers de chaque tercet riment ensemble et les troisièmes vers entre eux.

Mais on peut procéder par groupes de cinq, voire plus. En matière de chanson, les systèmes de rimes varient à l'infini.

Jules Renard disait avec son ironie si personnelle : « *J'ai horreur de la rime, surtout en prose*[1]… » Eh bien ! dans la chanson, cher Jules, la rime a encore de beaux jours devant elle. Encore faut-il que l'auteur la maîtrise sans en devenir jamais l'esclave, quitte à lui devoir parfois une merveilleuse trouvaille, n'est-ce pas, cher Jean-Loup Dabadie ?

> *Quand elle est devant mes amis de faïence,*
> *De faïence, je sais sa défaillance…*

« Ma préférence », Jean-Loup Dabadie – Julien Clerc, 1978

On dit souvent : « *Cela ne rime à rien.* » Je me permettrai d'affirmer, pour ma part, que rimer ne sert à rien si c'est au détriment du propos. De la rime ou de la raison, devinez qui l'emporte… ?

---

1. Dans son *Journal.*

Ni le crayon sans art,
ni le crayon sans sève :
la vérité est dans le souffle maîtrisé

« Pour qui sont ces serpents qui sifflent sur vos têtes ?... »

Andromaque, Jean Racine, 1667

La voyelle est la lettre qui fait sonner votre vers, en particulier à la rime, nous venons de le voir ; elle lui donne en quelque sorte sa « voix[1] ». La consonne, elle, sert de point d'appui au texte chanté. Elle favorise l'articulation, donne son caractère à la phrase.

De Racine à Boby, deux maîtres qui allitèrent

Certains auteurs excellent à utiliser l'allitération, c'est-à-dire le redoublement, la répétition d'une même consonne ou d'une consonne proche (comme d et t) pour obtenir un effet. Celui-ci peut être, entre autres, imitatif, suggestif, comme dans le vers de Racine que je me suis permis de choisir en exergue de ce chapitre. Plus près de nous, « Ta Katie t'a quitté », de Boby Lapointe, peut être considéré comme un des chefs-d'œuvre du genre. C'est effectivement une petite merveille de l'homme de Pézenas, créateur au talent unique que j'ai eu la chance de côtoyer au

---

1. Voir la sublime scène du *Bourgeois gentilhomme* de Molière.

« Cheval d'Or » et avec Joe Dassin dont il était un grand ami. Avant de nous quitter très prématurément en 1972, à l'âge de cinquante ans, Boby avait ciselé des joyaux dont la chanson en question.

De quoi s'agit-il ?… D'un homme, en l'occurrence un Russe blanc, qui se soûle dans un bar (il est donc « noir », bien entendu) car le départ de son amie Katie l'a mis au désespoir. Ivre mort, il s'écroule et s'endort mais un réveil, près de lui, le nargue dans ces termes :

> *Tic-tac tic-tac,*
> *Ta Katie t'a quitté,*
> *Tic-tac tic-tac,*
> *Ta Katie t'a quitté.*
> *T'es cocu, qu'attends-tu ?*
> *Qu'attends-tu, t'es cocu,*
> *T'as qu'à, t'as qu'à t'cuiter*
> *Et quitter ton quartier.*
> *Ta tactique était toc, etc.*

« Ta Katie t'a quitté », Boby Lapointe, 1975

Ce redoublement lancinant de deux consonnes, c (ou k) et t, tout en imitant le tic-tac du réveil, crée un effet obsessionnel tragi-comique, à la fois drôle et poignant, qui n'a, bien sûr, rien de gratuit. C'est de l'orfèvrerie au service du rire et de l'émotion. Il faut dire que Boby, dont Brassens était un grand fan, était un maître en la matière. Personnage extraterrestre dont le portrait du peintre naïf Ghiglion Green rend à merveille la poésie lunaire et tendre[1], mathématicien de très haut vol, champion du calcul bi-binaire, il jonglait avec les consonnes et les syllabes comme nos frères du cirque peuvent le faire avec des quilles ou des balles.

---

1. On peut trouver ce portrait, commandé par Joe Dassin au peintre provençal, sur l'intégrale de Boby.

Autres exemples :

> *Ton corps tant gros*
> *Tangue au rythme du tango…*

« Lumière Tango », Boby Lapointe, 1966

> *Eh Toto, y a-t-il ton papa*
> *– L'est pas là, papa…*

« Eh Toto », Boby Lapointe, 1963

Ou encore dans une chanson beaucoup plus tendre, « Ça va, ça vient » :

> *… Tu jouais les affranchies*
> *Sans chichi*
> *Mais t'avais quand tu guettais*
> *Le pauv'con qui te quittait*
> *Le regard noyé d'un chien,*
> *Ça va, ça vient.*

« Ça va, ça vient », Boby Lapointe, 1971

… Et les autres

Beau, non ?… Bien d'autres créateurs font un bon usage des possibilités offertes par les consonnes. On peut citer Jacques Brel, assez peu coutumier du fait, par ailleurs (il disait se méfier beaucoup de l'habileté)[1] :

> *Tu as un vrai divan de roi,*
> *Un vrai divan de diva,*
> *Du porto qu'tu rapportas*
> *De la porte des Lilas…*

« Le gaz », Jacques Brel, Gérard Jouannest, 1967

---

1. « On fait un métier où il ne faut pas avoir deux grammes d'habileté. Un jour, je me suis réveillé et j'avais un gramme cinquante. »

Alain Souchon, lui aussi, qui sait admirablement les utiliser, qu'il cherche à susciter le sourire… :

> *On nous prend, faut pas déconner, dès qu'on est nés*
> *Pour des cons alors qu'on est…*

« Foule sentimentale », Alain Souchon, 1993

… ou qu'elles lui permettent de conjuguer l'émotion et la rigueur esthétique :

> *Le soleil donne*
> *De l'or intelligent,*
> *Le soleil donne*
> *La même couleur aux gens*
> *Gentiment.*

« Le soleil donne », Alain Souchon, Laurent Voulzy, 1988

Comment ne pas évoquer ici le chef-d'œuvre de Gainsbourg qui a su utiliser le langage codé du « javanais » pour créer « La Javanaise », monument du dandysme désespéré :

> *J'avoue, j'en ai bavé, pas vous, mon amour,*
> *Avant d'avoir eu vent de vous, mon amour…*

« La Javanaise », Serge Gainsbourg, 1963

L'auteur, comme le peintre, le sculpteur ou le cinéaste, dispose d'un « matériau » pour créer, et celui-ci n'est évidemment pas la plume ni le papier ni – aujourd'hui – l'ordinateur, c'est le mot, ce sont les lettres qui le composent. Il doit savoir les mettre au service de l'œuvre et les utiliser de façon à ce que l'artifice ne prenne jamais le pas sur l'émotion. C'est le cas pour « La Javanaise » où chacun connaît le stratagème poétique dont s'est servi Gainsbourg et succombe, cependant, à ce que la chanson contient de sentiment et de vérité.

Usez de la consonne pour que le vers sonne autant qu'il signifie

N'oublions pas non plus qu'une chanson est faite pour être chantée (dans le meilleur des cas…) et qu'un interprète va lui prêter sa voix. Certains artistes de ce que l'on appelait jadis le music-hall ont été des monstres sur le plan de l'articulation comme Yves Montand, par exemple, ou Édith Piaf. Et j'ai encore dans l'oreille la voix haut perchée de Mireille me prodiguant ce conseil péremptoire : « Articulez, Lemesle !… » D'autres ont eu une diction un peu plus relâchée et c'était le cas de Gainsbourg à qui « La Javanaise » a donc offert des points d'appui clairs et sensibles.

Je pourrais évoquer, dans un tout autre style, mon ami Carlos à qui je me suis efforcé d'offrir des jeux de consonnes appétissants :

> *Dans le Languedoc, à Tombouctou,*
> *Dans l'Orénoque, n'importe où,*
> *Les gens se toquent pour le bougalou…*

« Le bougalou du loup-garou », Claude Lemesle, Joe Dassin, 1976

Ou encore :

> *Mais qu'est-ce que t'as, doudou, dis donc,*
> *Doudou, amadoue-toi donc,*
> *Dédé au dodo, c'est bidon,*
> *Moi, doudou, j'ai tous les dons.*

« Rosalie », Claude Lemesle, Georges Pluncket, 1998

Ces quelques phrases étaient assez gouleyantes pour cet artiste rabelaisien, épicurien, et le plaisir qu'il a pris à les chanter a sans doute contribué à les rendre populaires auprès des enfants, ce qui est toujours bien agréable pour un auteur… et pour son interprète…

Nicoletta, une de nos grandes chanteuses françaises, me confiait tout récemment le bonheur qu'elle avait eu à interpréter une chanson de

Bernard Lavilliers et à quel point les consonnes que celui-ci avait utilisées l'avaient aidée en lui servant de points d'appui solides et jouissifs sur une mélodie aux couleurs et aux rythmes brésiliens.

Oui, cher parolier débutant, la consonne est comme la rime : elle doit être apprivoisée et mise à profit pour que le vers sonne, si possible, autant qu'il signifie...

Son bon usage peut donner un effet fluide, musical :

> *C'est, par un soir d'automne attiédi,*
> *Le bleu fouillis des claires étoiles...*

« L'art poétique », Paul Verlaine, 1881 (eh ! oui, toujours !...)

Ou bien comique :

> *Nous v'là jolis, nous v'là beaux,*
> *Tout empâtés, patauds par les pâtés, les gâteaux,*
> *Nous v'là beaux, nous v'là jolis,*
> *Ankylosés, soumis sous des kilos d'calories...*
> *On est foutus, on mange trop !...*

« Papa Mambo », Alain Souchon, Laurent Voulzy, 1978

On le voit donc, les consonnes offrent toute une gamme de possibilités au parolier qui souhaite jouer avec elles. Ce genre de jeu ne date pas d'hier. On peut rappeler les deux fameux vers qui servent à présent d'exercice de diction dans les cours d'art dramatique :

> *Didon dîna, dit-on,*
> *Du dos d'un dodu dindon*[1].

C'est également le cas d'une célèbre chanson de Ray Ventura et de ses collégiens :

---

1. J'ai longuement cherché, même dans le *Virgile travesti* de Scarron, je n'en ai pas trouvé l'origine, mais un lecteur plus calé m'éclairera sans doute.

Les chaussettes de l'archiduchesse
Sont-elles sèches archi-sèches...

« Les chaussettes de l'archiduchesse », Max Blot – Paul Misraki, 1937

S'agissant de l'interprète, il est bon de prendre également en considération son timbre de voix. L'auteur qui doit servir une chanteuse ou un chanteur ne mettra pas les mêmes sons dans la bouche de tel ou de tel artiste. J'ai ainsi remarqué que les finales en o ou en é conviennent parfaitement à la voix de Gilbert Montagné. Aussi lui ai-je écrit :

Un goût d'alcool déchire ma peau,
Tous mes bateaux portent ton drapeau,
Tu as brûlé mes avions de papier...

« J'ai le blues de toi », Claude Lemesle – Dario Farina, Gilbert Montagné, 1983

Le é permet à Gilbert de traîner sur les dernières notes dans un *glissando* très efficace.

De la même manière, les finales en i conviennent parfaitement à Nana Mouskouri et à son timbre si pur.

Hello, taxi, la route est longue,
Fais le plein pour le tour du monde,
Tu vas voir comm' c'est joli,
C'est bon, la vie...

« C'est bon, la vie », Paul Simon – Pierre Delanoë, 1966

Amis paroliers, n'écrivez pas virtuel, pensez aux voix de vos interprètes.

Usez sans abuser du jeu de mots ou de l'astuce

Cependant, il faut mettre le jeune auteur en garde et l'inviter à réfléchir sur la part qu'il compte donner dans ses œuvres à l'habileté et au jeu. Pour un créateur talentueux, la tentation est grande d'en abuser et on ne sait pas toujours lui résister. C'est ainsi qu'on voit régulièrement, dans les chansons, fleurir des jeux de mots plus ou moins opportuns. Cela va du simple calembour – et je ne m'en suis pas privé moi-même :

> *Je peux vous passer un shampoing*
> *Mais vous faire un tour de chant, point…*

« Le barbier de Belleville », Claude Lemesle, Alice Dona, 1977

… à l'association, au sein du même vers, de mots qui se ressemblent, de mots « cousins », jeu très à la mode actuellement, genre : « J'ai l'âme à l'amour », « les cousines cousent », « les boudins boudent », « les matous matent », « patience et passion », « violence et violon », etc., facilités que je n'ai pas toujours évitées et qui constituent un piège.

Allez, tiens, je vous ponds un quatrain dans le style, comme ça, pour rire :

> *J'attendrai la tendresse*
> *En me laissant aller*
> *Aux câlins décalés*
> *En carence de caresses…*

Pitoyable, non ? Eh bien, ce genre de trouvaille bluffe pas mal de gens. Je suis triste quand je vois qu'on porte aux nues ces âneries alors qu'elles ne sont, en réalité, qu'un palliatif et ne font que se substituer à la sincérité.

Comprenons-nous bien. Il n'est nullement indécent, pour un auteur, d'utiliser son savoir-faire, mais en aucun cas celui-ci ne doit prendre le pas sur l'authenticité, et je crains que l'habileté ne soit, pour certains, comme la culture dont Édouard Herriot disait que moins on en a, plus on l'étale. En ce qui concerne le calembour, par exemple, lorsque c'est Boby Lapointe qui le manie, sa folie naturelle fait admirablement passer l'artifice du procédé :

> *Il a du bobo, Léon,*
> *Il porte un bandeau, Léon,*
> *Il a du bobo, Léon,*
> *Pauvre Léon.*

Il a du bobo, Léon,
Il va p'être caner, Léon,
Il a du bobo, Léon,
Ah ! pauvre Léon...

« Bobo Léon », Boby Lapointe, 1974

Ou le plus leste « Comprend qui peut »

Il sait de quoi j'ai envie,
Il n'est pas si bête,
Il sait que c'est de son vi-
-Goureux corps d'athlète.
Je pose ma main sur son gros bras-
-Que m'arrive-t-il, ça fait tilt,
Il me sussure le curieux refrain :
Tiens ! voilà du boudin...

« Comprend qui peut », Boby Lapointe, 1970

Nous sommes là dans le délire total et Lapointe nous emporte dans une tornade verbale. Parce qu'au-delà du jeu, il cultive là son authenticité.

De la même façon, la confusion entre les homonymes « sous » et « soûl » dans la chanson de Claude Nougaro est parfaitement en situation et, par conséquent, pas du tout gratuite :

Je suis sous, sous, sous
Sous ton balcon,
Comme Roméo oh oh
Marie-Christine...

« Je suis sous », Claude Nougaro, Jacques Datin, 1964

Mais si le jeu de mots n'a visiblement d'autre but que d'épater la galerie – « vous allez voir ce dont je suis capable ! » –, on peut s'éviter cette complaisance. Le pompon, c'est lorsqu'il n'est décelable qu'à la lecture, par exemple « Entendras-tu mes maux d'amour ?... » ou « J'ai toujours manqué de peau... », comme si la chanson n'était pas faite, avant tout, pour être écoutée. Eh bien, je vous jure qu'on en trouve et que si on fait une remarque (oh ! très prudente) à l'auteur, celui-ci la traite avec désinvolture, voire avec dédain.

Que n'a-t-il lu Victor Hugo : « *Le calembour est la fiente de l'esprit qui vole...* »[1] Pauvre Victor, il souffrirait beaucoup actuellement à voir les nombreuses œuvres qui fleurissent sur ce guano !

Et pauvre Molière !... A-t-on oublié la leçon magistrale et si pleine de bon sens du « sonnet d'Oronte » ? Au courtisan obséquieux qui tente de gagner son amitié en lui infligeant un poème ampoulé, précieux, quatorze vers qui ne sentent que la lampe et l'artifice, Alceste réplique, impitoyable mais tellement juste :

> *Vous vous êtes réglé sur de méchants modèles*
> *Et vos expressions ne sont point naturelles*[2]...
> *... Ce style figuré dont on fait vanité*
> *Sort du bon caractère et de la vérité.*
> *Ce n'est que jeu de mots, qu'affectation pure*
> *Et ce n'est point ainsi que parle la nature.*
> *Le méchant goût du siècle en cela me fait peur*
> *Nos pères, tout grossiers, l'avaient beaucoup meilleur*
> *Et je prise bien moins tout ce que l'on admire*
> *Qu'une vieille chanson que je m'en vais vous dire...*

---

1. « *Amis, s'écria Tholomyès, remettez-vous. Il ne faut pas que trop de stupeur accueille le calembour tombé du ciel. Tout ce qui tombe de la sorte n'est pas nécessairement digne d'enthousiasme et de respect. Le calembour est la fiente de l'esprit qui vole.* » Tholomyès ajoute toutefois un peu plus loin, tempérant ainsi son propos : « *Loin de moi l'insulte au calembour ! Je l'honore dans la proportion de ses mérites, rien de plus...* » (Victor Hugo, *Les Misérables*, première partie (Fantine), Livre troisième, chapitre VIII). Puis-je me permettre de commenter la dernière phrase citée en ajoutant que, dans la plupart des cas, lesdits mérites ne sont pas bien grands !

2. On pense aussi à Diderot : « Je ne me lasserai point de crier à nos Français : la Vérité ! la nature !... » (*Entretien sur le fils naturel*)

Et là, Alceste récite à Oronte ces vers désarmants de simplicité, si vrais, si justes qu'ils ne peuvent que toucher :

> *Si le Roi m'avait donné*
> *Paris, sa grand ville*
> *Et qu'il me fallut quitter*
> *L'amour de ma mie,*
> *Je dirai au Roi Henri,*
> *Reprenez votre Paris,*
> *J'aime mieux ma mie, ô gué,*
> *J'aime mieux ma mie...*

Il commente :

> *La rime n'est pas riche et le style en est vieux,*
> *Mais ne voyez-vous pas que cela vaut bien mieux*
> *Que ces colifichets[1] dont le bon sens murmure*
> *Et que la passion parle là toute pure...*

Et plus loin :

> *Voilà ce que peut dire un cœur vraiment épris...*

> Le Misanthrope (Acte I, scène II), Molière, 1666

Je l'avoue, je trouve cette scène superbe et le message aux auteurs toujours d'actualité. Oui, Guitry : « *Quoi de neuf ? Molière !* »

En émotion, la sobriété vaut mieux que l'enflure

Prenons un exemple contemporain : Boris Vian. Personne ne conteste à cet homme génial la fantaisie, l'audace, le don des formules étonnantes, la faculté de jongler avec les mots, de les manipuler, de les bousculer, d'en inventer, même. *L'écume des jours* est un chef-d'œuvre.

---

1. On dirait aujourd'hui gadgets.

Et pourtant, pourtant, relisez ou réécoutez « Le déserteur » : aucun effet, aucune fioriture. La gravité du propos implique une sobriété dans l'expression qui, seule, peut être génératrice d'émotion :

> *Monsieur le Président,*
> *Je vous fais une lettre*
> *Que vous lirez peut-être*
> *Si vous avez le temps.*
> *Je viens de recevoir*
> *Mes papiers militaires*
> *Pour partir à la guerre*
> *Avant mercredi soir.*
> *Monsieur le Président,*
> *Je ne veux pas la faire,*
> *Je ne suis pas sur terre*
> *Pour tuer de pauvres gens...*

« Le déserteur », Boris Vian, Boris Vian – Harold Berg, 1954

À la rime près (rime embrassée, s'il vous plaît !), c'est du langage parlé, une formulation quasiment banale qui, dépouillée de tout chichi superflu, prend là toute sa force.

Céline, dans une interview donnée peu de temps avant sa disparition, s'insurge : « *J'en reviens à ma grande attaque contre le verbe. Vous savez, dans les écritures, il est écrit "au commencement était le verbe". Non ! Au commencement était l'émotion. Le verbe est venu pour remplacer l'émotion comme le trot remplace le galop alors que l'allure naturelle du cheval est le galop et pas le trot. On lui fait avoir le trot. On a sorti l'homme de la poésie émotive pour entrer dans la dialectique...* »

Et Diderot écrit : « *La langue du cœur est mille fois plus variée que celle de l'esprit...* » (*Correspondance*, novembre 1769)

Vian, dans « Le déserteur », leur donne raison alors même que son imagination fertile, sa fantaisie très personnelle le rendent, ô combien, capable de tous les jeux, toutes les astuces.

Il avait d'ailleurs commencé son œuvre littéraire par une « autodéfense du calembour » dans *Cent sonnets* (1943-1945) et on retrouve tout au long de sa carrière, cette capacité à jouer avec les syllabes et les mots,

soit dans des vers burlesques… :

> *Les têtards tôt ou tard*
> *Ont fini par l'inspirer…*

« Bourrée de complexes », Boris Vian, Alain Goraguer, 1955

… puis plus tard, dans « Le bal aux ballots », chanté par Henri Salvador en 1958, « La java javanaise » (tiens, tiens…) ou « La complainte des contribuables » :

> *Tu préfères mendigoter*
> *Ou te faire avaleur de sabre,*
> *Taxe à l'avaleur ajouté…*

« La complainte des contribuables », Boris Vian, 1956

… soit dans la veine poétique : « … *Et ces brutes molles de vagues, rage rouge des rochers rouges…* », dans « Les mots ».

Lorsque l'habileté technique, sans laquelle le don pur est inefficace, se met au service du souffle et de la sensibilité, quel bonus, quel bonheur pour le lecteur ou l'auditeur :

> *J'ai la raison arraisonnée*
> *Dans un port désert dérisoire.*

« Le cœur volcan », Étienne Roda-Gil, Julien Clerc, 1970

Mais elle ne doit jamais être un m'as-tu-vuisme inutile.

Sachez ne pas « faire l'auteur »

Le savoir-faire n'est évidemment pas une tare. Il n'en est une que lorsqu'il s'autosuffit et engendre des poupées vides et vaines.

Je crois aussi qu'il faut se méfier de la préciosité, de l'enfilage pseudo-poétique de mots creux, de la sophistication excessive. Il en va du « tape à l'âme » comme du tape à l'œil, genre :

> *La voile de mon cœur*
> *Sur le lac de l'indifférence*
> *Sous le souffle du vent moqueur*
> *Et la musique du silence...*

Ne cherchez pas la référence de ce misérable quatrain sur Internet, je viens de l'inventer et ne m'en vante pas... Mais, rigolez pas, les camarades, comme aurait dit Maurice Vidalin, certains vers n'en sont pas loin. Roxane n'est pas morte, eh non ! les ruelles des précieuses ont toujours leur public de petits marquis. Dans certaines chansons, la formulation affectée flirte dangereusement avec l'inanité du sonnet d'Oronte :

> *L'espoir, il est vrai nous soulage*
> *Et nous berce un temps notre ennui*
> *Mais, Philis, le triste avantage*
> *Lorsque rien ne marche après lui.*
>
> *Vous eûtes de la complaisance*
> *Mais vous en dussiez moins avoir*
> *Et ne pas vous mettre en souffrance*
> *Pour ne me donner que l'espoir...*
>
> Le Misanthrope, Molière, 1666

« *Dieu qu'en termes galants ces choses-là sont mises* », s'exclame Philinte, diplomate, bon cœur, et vrai faux cul... En termes galants, peut-être, mais sans rien qui vibre, qui vive.

C'est une tentation, parfois, de « faire l'auteur » de concocter de jolis « tarabiscotages ». Il est même arrivé aux plus grands d'y succomber :

Sais-tu qu'elle vole la cruelle
Le rire des cascades sauvages
Qui remplace les escarcelles
Des rois qui n'ont pas d'équipage…

« Isabelle », Jacques Brel, François Rauber, 1959

Brel précieux, affecté, vous vous rendez compte… même lui ! Cela dit, certains peuvent trouver ça bon. Tous les goûts sont dans la culture. Qu'ils me pardonnent de préférer le Brel rugueux, rude, truculent, flamboyant, nature, le Brel à la tendresse tripale.

Le sonnet d'Oronte a ses adeptes, certes. J'en connais… Moi, je penche plutôt vers Vidalin et sa simplicité si humaine, si facile à comprendre, si difficile à écrire :

Y a toujours un côté du mur à l'ombre
Mais jamais nous n'y dormirons ensemble.

« Le mur », Maurice Vidalin – Gilbert Bécaud, 1958

Ça ne rime pas. C'est sans effet mais c'est vrai et beau ! Non, l'affectation n'est pas le signe du talent, elle n'est que le palliatif de sa carence. Il a raison, Jean-Baptiste, vive la passion qui parle toute pure. Le savoir-faire, indispensable pour aboutir à des œuvres dignes de ce nom, ne peut en aucun cas être une fin. Il n'est qu'un moyen pour parvenir à mieux exprimer son authenticité, sa différence, et ne doit jamais se faire sentir. Que serait un bâtiment devant lequel trônerait pour l'éternité l'échafaudage ?… Ni le crayon sans art ni le crayon sans sève. La vérité est dans le souffle maîtrisé.

Sentir et faire sentir…
Garder les pieds sur terre

« Que ton vers soit la bonne aventure…
Éparse au vent crispé du matin
Qui va fleurant la menthe et le thym
Et tout le reste est littérature. »

« L'art poétique », Paul Verlaine, 1881

Au cours de mes quarante ans de chanson, il m'est arrivé, entre autres bonheurs, de coécrire avec un certain nombre de mes confrères, et j'y ai souvent pris un réel plaisir. Il est bon d'échanger, de tester sur l'autre ses trouvailles et vice-versa, d'avoir un premier public, de ne pas être seul face à la mythique feuille blanche. Il est réellement excitant de se confronter à un talent complémentaire du sien, de relever le défi d'une petite compétition artistique, d'être bousculé par l'autre, étonné, aiguillonné.

La collaboration, il est vrai, ne saurait convenir à tout le monde. Certains auteurs ne s'épanouissent que dans la solitude, et leur écriture est sans doute trop particulière pour s'accommoder du mixage avec une autre. Cependant, la création à quatre mains compte un certain nombre de réussites dans le domaine de la musique et de la chanson : Meilhac et Halévy, par exemple, les magnifiques partenaires d'Offenbach (*La belle Hélène*, *La Périchole*, *La vie parisienne*…) et de Bizet (*Carmen*), Albert Willemetz et Jacques Charles (« Mon homme ») et, plus près de nous, le fameux tandem Rivat-

Thomas (« Siffler sur la colline », « Le lundi au soleil », « Made in Normandie », « Des jonquilles aux derniers lilas »…).

« Dire beaucoup de choses dans peu de place en s'interdisant les mots abstraits »

Au tout début des années quatre-vingt, j'ai eu l'opportunité d'écrire quelques chansons avec Élisabeth Anaïs qui venait tout juste d'avoir vingt ans. J'étais, pour ma part, au milieu de la trentaine et bénéficiais donc, en principe, d'une expérience plus grande que la sienne.

Or, voilà qu'un jour, au milieu d'une séance de travail, ma collaboratrice me lance : « Je trouve que dans la chanson française, on ne fait pas assez appel aux sensations. » Je l'avoue, cette phrase a fait tilt. J'y ai beaucoup réfléchi, j'ai passé en revue plein de textes et réalisé qu'elle avait raison. Oui, c'était vrai, les auteurs hexagonaux avaient un fâcheux penchant pour l'abstraction.

Vingt ans après, comme aurait dit l'excellent Alexandre Dumas père, Maxime Le Forestier, grand créateur et un de mes plus anciens amis dans notre artisanat (nous nous sommes connus durant l'été 1965, il avait seize ans !…), Maxime, donc, me raconte une aventure artistique qu'il vient de vivre avec l'académicien Jean-François Deniau.

Celui-ci lui avait confié avoir écrit un texte de chanson pour le chanteur kabyle Lounès Matoub, auteur-compositeur victime d'un ignoble assassinat : « Voudriez-vous y jeter un coup d'œil et, éventuellement, en écrire la musique ?…», avait demandé cet ancien résistant, cet ancien ministre, amoureux de la mer, humaniste et courageux. « Pourquoi pas ? avait répondu Maxime, faites-moi parvenir votre texte et je verrai si je peux le mettre en musique. »

Aussitôt dit, aussitôt fait. L'homme à l'habit vert expédie son texte au saltimbanque. Vous remarquerez qu'il n'est pas rare de voir des littérateurs tentés par la chanson. Avant Monsieur Deniau, Jean-Paul Sartre lui-même (« Dans la rue des Blancs-Manteaux »),

Maurice Genevoix (avec Alice Dona), Françoise Sagan (pour Johnny !), Françoise Mallet-Joris (avec Michel Grisolia et pour Marie-Paule Belle, superbe !), Yann Quéfélec, Michel Houellebecq et aujourd'hui Marie Nimier (très douée !) s'y sont essayés avec plus ou moins de réussite. Il y en a eu et il y en aura bien d'autres, tant la chanson séduit, attire, fascine quelquefois.

Revenons à notre histoire. Maxime reçoit donc les vers de l'auteur et se permet les remarques suivantes : « Mon cher Maître, ci-dessous quelques envies que j'ose vous avouer. Dire beaucoup de choses dans peu de place en s'interdisant les mots abstraits est la dure condition des auteurs de chansons. Bienvenue au club. »

Il développe ses remarques, tout d'abord, au sujet du premier couplet :

> *Trois choses que je crains :*
> *Le feu qui n'a pas d'amis,*
> *La source tarie,*
> *<u>Le lâche qui trahit</u>[1].*

Commentaire de Maxime : « *Special request 1 : en deux vers pas trop longs, nous faire toucher du doigt la trahison du lâche par une anecdote, une image… Les exemples ne doivent pas vous manquer.* »

En ce qui concerne le second :

> *Trois choses que je respecte :*
> *La mer du large qu'on appelle libre*
> *Le vent que n'arrête aucun mur,*
> *<u>Le courage au cœur de la nuit</u>[2].*

L'auteur de « Né quelque part » écrit : « *Special request 2 : comme special request 1. Les exemples ne doivent pas vous manquer non plus.* »

---

1. C'est moi qui souligne.
2. *Idem.*

Enfin, sur la troisième strophe :

> *Trois que j'aime*
> *La lumière du foyer,*
> *Le regard de mon frère,*
> <u>*Le souvenir de ma mère*[1]</u>.

troisième demande du futur compositeur, allant, bien sûr, dans le même sens : « *Special request 3 comme special request 1 et 2. Une belle occasion d'évoquer la femme dans les différentes relations que l'on peut avoir avec elle.* »

Armé de ces quelques remarques, l'académicien planche tout le week-end afin de donner satisfaction à MLF et lui livre rapidement le résultat de son travail :

Au « *lâche qui trahit* », il substitue la phrase suivante : « *Celui qui me connaît et détourne les yeux.* » Il a bien saisi ce que demandait Maxime : une proposition abstraite est remplacée par une image concrète faisant appel à la sensation visuelle. La lâcheté, personnalisée par ce regard qui se détourne, qui fuit, prend une tout autre réalité. Nous y sommes d'autant plus sensibles que cette vision de l'auteur nous en rappelle sans doute d'autres plus personnelles…

En ce qui concerne « *le courage au cœur de la nuit* », Deniau trouve, pour répondre à la demande de l'artiste : « *Celui qui me connaît et qui meurt sans rien dire* », bel alexandrin qui évoque d'une façon douloureuse et digne la Résistance qu'il a bien connue. À noter qu'il commence cette phrase de la même façon : « Celui qui me connaît… », ayant parfaitement compris qu'il était bon d'articuler une chanson autour de mots récurrents. Le Maître apprend vite.

Pour le troisième couplet, enfin, où Maxime lui a demandé d'évoquer la femme, Deniau propose : « *Celle qui me connaît et qui*

---

1. *Idem.*

m'aime quand même. » Là, l'auteur ne joue plus tant sur l'image que sur le paradoxe, autre élément générateur d'émotion.

Grâce aux précieux conseils de son jeune partenaire, l'académicien a rendu son texte plus émouvant, et réussi, pour son coup d'essai, une bonne chanson : « Les chevaux rebelles ». Oubliant le quai Conti et la Coupole, il a fait humblement confiance à plus expérimenté que lui dans ce domaine, il l'a écouté et s'en est trouvé bien. Certains devraient méditer cet exemple…

À noter que cette œuvre est écrite en vers on ne peut plus libres et qu'on n'y rime quasiment jamais, ce qui corrobore deux des chapitres précédents en ce qui concerne la diversité des métriques et la non-soumission à la rime. Pour ceux qui souhaitent l'écouter *in extenso*, elle figure sur l'album du compositeur-interprète *L'écho des étoiles*. Vous pouvez l'écouter en la téléchargeant… légalement, bien sûr. Merci à mon ami Maxime de m'avoir fourni les photocopies des fax échangés avec Jean-François Deniau. Il pensait que leur communication pourrait être utile aux élèves de l'atelier. Elle l'a été comme, je l'espère, elle vous le sera.

Oui, on gagne toujours à passer de l'abstrait au concret, à se servir de toutes les sensations que nous offre la vie : visuelles, auditives, olfactives, tactiles, gustatives… Décliner des mots dans un cadre incolore, inodore et sans saveur, disserter à vide, énoncer des considérations purement verbeuses, tout cela ne peut guère toucher, à part quelques snobs plus gogos que bobos… Verlaine dit, toujours dans son *Art poétique* : « *Prend l'éloquence et tords-lui son cou !…* » et Céline renchérit : « *L'éloquence naturelle, c'est-à-dire, le bafouillage…* »

Restez dans la vie, dans la chair, dans l'émotion, et faites tomber la pluie

Nos grands poètes n'ont pas fait autrement… Victor Hugo, entre autres, dans ces vers sur la retraite de Russie :

> *Il neigeait... On était vaincu par sa conquête.*
> *Pour la première fois l'aigle baissait la tête...*

« L'expiation », *Les Châtiments*, Victor Hugo, 1852

Si l'auteur commence par ce verbe défectif à l'imparfait, c'est que la neige est le dénominateur commun de ce désastre, cette agonie plurielle. Elle est trois sensations à la fois : visuelle, bien sûr, tactile aussi puisqu'elle est sur chaque épiderme l'avant-goût glacial de la mort, auditif, enfin, car la neige est silence.

Hugo, tout au long de son poème, va faire revenir ces deux mots, « il neigeait », jusqu'à les doubler : « *Il neigeait, il neigeait toujours !...* » C'est un leitmotiv terrible dans sa simplicité évocatrice. Le lecteur est saisi et vit, grâce au poète, cette longue marche funèbre :

> *Et, chacun se sentant mourir, on était seul.*

Si l'on en revient à la chanson, on peut remarquer que la pluie, élément cinématographique par excellence, y est très présente, génératrice, elle aussi, de sensations diverses, et donc, bien souvent, d'émotion :

> *La pluie fait des claquettes*
> *Sur le trottoir à minuit.*

« La pluie fait des claquettes », Claude Nougaro, Claude Nougaro – Maurice Vander, 1968

En l'occurrence, les sensations (visuelle, auditive, tactile) se doublent d'allitérations suggestives. On croirait entendre danser Fred Astaire.

> *Il pleut,*
> *Les carreaux de l'usine sont toujours mal lavés.*
> *Il pleut,*
> *Les carreaux de l'usine, y en a beaucoup d'cassés.*

« Il pleut (Les carreaux) » Jacques Brel – Glen Powell, 1955

Un Brel des tout débuts. L'image de la pluie sur les carreaux y prend une valeur symbolique. Plus tard, le Grand Jacques récidivera, dans « Madeleine », par exemple :

> *Ce soir, j'attends Madeleine*
> *Mais il pleut sur mes lilas…*

« Madeleine », Jacques Brel, Jean Corti et Gérard Jouannest, 1962

ou dans « Fernand » :

> *Dire que maint'nant, il pleut*
> *Dire que Fernand est mort…*

« Fernand », Jacques Brel, 1966

D'autres exemples :

> *Toute la pluie tombe sur moi…*

« Toute la pluie tombe sur moi », Maurice Tézé, Burt Bacharach, 1969

> *Il pleut dans ma chambre*
> *Il pleut dans mon cœur,*
> *Douce pluie d'septembre*
> *Chante un air moqueur…*

« Il pleut dans ma chambre », Charles Trenet, 1939

Trenet qui, même dans une de ses chansons les plus surréalistes, fait largement appel aux sensations concrètes :

> *Il pleut sur les ardoises,*
> *Il pleut sur la basse-cour,*
> *Il pleut sur les framboises,*
> *Il pleut sur mon amour…*

« La folle complainte », Charles Trenet, 1945

Ne surtout pas confondre poésie ou même surréalisme avec abstraction…

On n'en finirait pas d'énumérer les chansons où la pluie joue un rôle de « Ma Bretagne quand elle pleut » de Jean-Michel Caradec à « L'orage » de Brassens en passant par « Viens faire un tour sous la pluie » du groupe Il était une fois et « Pierre » de Barbara.

Quoi de plus simple et de plus émouvant que cette chanson de la longue dame brune :

> *La la la la la la, etc. Il pleut...*
> *... Quand Pierre rentrera,*
> *Tiens, il faut que je lui dise*
> *Que le toit de la remise a fui*
> *Il faut qu'il rentre du bois*
> *Car il commence à faire froid*
> *Ici...*

Puis, plus loin :

> *Une odeur de foin coupé*
> *Monte de la terre mouillée*
> *Une auto descend l'allée,*
> *C'est lui !...*

« Pierre », Barbara, Daniel Thibon, 1964

Ah ! oui, nous sommes bien dans la vie, dans l'attente amoureuse vivante, toute simple et tellement vraie. Comment ne pas s'identifier, alors, à cette femme qui attend « son » Pierre, ce cœur de garde, comme disait Brel, un grand ami de Barbara ?...

Avec l'ami Jojo et avec l'ami Pierre dans l'antre d'Adrienne

Brel, justement. Je me souviens très précisément de la première fois que je l'ai vu. C'était à l'Olympia, en octobre 1961. Mes parents, pour mes seize ans, m'avaient emmené découvrir sur scène mon artiste préféré. Après quelques chansons connues, ce grand corps dont je sentais l'âme en combustion balance des mots inédits :

> *Le cœur bien au chaud,*
> *Les yeux dans la bière,*
> *Chez la grosse Adrienne de Montalant…*

« Les bourgeois », Jacques Brel, Jean Corti, 1962

Trois lignes, seulement trois lignes du Belge longiligne et j'y étais… J'avais quitté le fauteuil rouge du music-hall et j'étais là, avec l'ami Jojo et avec l'ami Pierre, dans l'antre d'Adrienne, à boire les vingt ans que je n'avais pas encore. En trois phrases, il m'avait transporté – les sensations déjà !… Il avait eu la générosité de m'emmener avec lui dans un décor, des effluves, des couleurs.

Il faut dire que Jacques avait assez rapidement compris le rôle essentiel des détails concrets. Après quelques chansons de jeunesse un peu prêchi-prêcha qui lui avaient valu, de la part d'un Brassens goguenard, le surnom d'abbé Brel, il s'était vite rendu compte qu'il valait mieux trancher dans le vif et brosser des tableaux vivants, réalistes, sensibles :

> *… Mais qu'on retrouve matin*
> *Dans l'église qui roupille,*
> *Raide comme une saillie,*
> *Blanc comme un cierge de Pâques*
> *Et puis qui balbutie,*
> *Et qui a l'œil qui divague…*

« Ces gens-là », Jacques Brel, 1966

> *Tu habites rue de la Madone*
> *Une maison qui se déhanche*
> *Une maison qui se tirebouchonne*
> *Et qui pleure à grosses planches.*
> *L'escalier colimaçonne*
> *C'est pas grand mais y a de la place…*

« Le gaz », Jacques Brel, Gérard Jouannest, 1967

Vous remarquerez qu'à l'adjectif bancal, il préfère un verbe : la maison se déhanche. L'image n'est-elle pas plus forte ?…

Avoir du souffle, ce n'est pas écrire du vent, c'est créer de la vie

Étienne Roda-Gil, qui est pour moi un grand poète, n'est pas en reste. Dans ses chansons les plus inspirées, les sensations jouent un rôle majeur. Confondre lyrisme et éther n'est pas forcément une bonne idée. Avoir du souffle, ce n'est pas écrire du vent, c'est créer de la vie :

> *Tu vois, je suis planté, planté, planté*
> *Au cœur de Buenos Aires, la ville aux yeux fardés,*
> *Au fond de cet estuaire où viennent les pétroliers*
> *Donner à la rivière un long baiser salé…*

Sensations à la pelle et superbe envolée. Il faut le faire avec un mot lourd comme pétrolier… Il faut oser. Étienne osait… Jusqu'à ce refrain, un des plus beaux que j'aie entendu :

> *Loco, loco, loco,*
> *C'est le nom qu'ils me donnent et qui veut dire fou.*
> *Et dans ce monde où tous les hommes se croient debout,*
> *Je suis le seul à me vanter de me traîner à tes genoux…*

> « Ballade pour un fou », Horacio Ferrer, Astor Piazzola,
> texte français d'Étienne Roda-Gil, 1975

Comme on la sent, cette éraflure de l'âme – et on la sent parce qu'elle passe par l'évocation d'une sensation physique « *… de me traîner à tes genoux…* » et par un paradoxe sublime. Merci, Étienne !

Citons à présent le grand Ferré : même dans un texte aussi poétiquement surréaliste que celui-ci, l'appel aux sens est récurrent :

… Je me souviens des soirs là-bas
Et des sprints gagnés sur l'écume.
Cette bave des chevaux ras
Au ras des rocs qui se consument…

… Dans le désordre de ton cul
Poissé dans des draps d'aube fine,
Je voyais un vitrail de plus,
Et toi fille verte, mon spleen…

« La mémoire et la mer », Léo Ferré, 1970

Et on peut multiplier les exemples chez les poètes :

On n'est pas sérieux, quand on a dix-sept ans.
– Un beau soir, foin des bocks et de la limonade,
Des cafés tapageurs aux lustres éclatants !
– On va sous les tilleuls verts de la promenade.

« Roman », Arthur Rimbaud, 1870

… Ce toit tranquille, où marchent les colombes,
Entre les toits palpite, entre les tombes…

Le Cimetière marin, Paul Valéry, 1920

Un jour pourtant, un jour viendra, couleur d'orange,
Un jour de palme, un jour de feuillages au front,
Un jour d'épaule nue où les gens s'aimeront
Un jour comme un oiseau sur la plus haute branche…

… Dieu, le fracas que fait un poète qu'on tue !…

« Un jour, un jour », Louis Aragon

Guy Béart, que je considère comme l'un des plus grands et qui, à mon sens, n'a pas la considération qu'il mérite[1] m'a répondu, un jour que

---

1. Je ne suis pas inquiet, un jour, on lui rendra justice.

je lui demandais de venir rencontrer mes élèves en séminaire : « Désolé, Claude, je n'en ai pas le temps mais si tu peux leur transmettre un conseil de ma part, dis-leur de ne pas rimer pour rimer et de ne pas utiliser trop de mots abstraits ». Maxime et lui ne s'étaient pas consultés, et pourtant ils voulaient transmettre le même message.

Écoutons Paul Fort : « *Laisse penser tes sens, homme, et tu es ton Dieu.* » (*Ballades françaises*, « La vision harmonieuse de la terre »)

Donnez l'année ou donnez l'âge, donnez l'adresse, donnez le lieu…

Avez-vous remarqué qu'il n'était pas inutile de situer concrètement un propos à travers des dates ou des chiffres ? « *Le vingt-deux septembre, aujourd'hui, je m'en fous* », dit Brassens. « *Le quinze juillet à cinq heures* », Serge Lama, « *Févier de cette année-là* », Maxime Le Forestier, « *Cette année-là… C'était l'année soixante-deux* », Eddy Marnay pour Claude François, « *C'était le quatre juin, le soleil tapait depuis le matin…* », Jean-Michel Rivat et Frank Thomas pour Joe Dassin… et on peut remonter loin dans le temps : « *Au 31 du mois d'août* », vieille chanson de marins.

On peut aussi donner un âge comme point de repère : « *À dix-huit ans, j'ai quitté ma province…* » (Aznavour, « Je me voyais déjà »), « *Il venait d'avoir dix-huit ans* », déjà citée, « *Il avait presque vingt ans, / Fallait, fallait voir / Sa gueule, c'était bouleversant / Fallait voir pour croire…* » (Barbara, « Presque vingt ans »), « *Quand j'avais trente ans, à Cannes au Carlton* » (Jean-Pierre Moulin pour Philippe Clay, « Le danseur de charleston »), « *Tu as treize ans, j'en ai trente qui sonnent* » (Georges Brassens, « La princesse et le croque-notes »), « *Bien sûr, ces villes épuisées / Par ces enfants de cinquante ans* » (Jacques Brel, « Voir un ami pleurer »), « *On arrive à la cinquantaine / Moitié sage, moitié fou* » (Sylvain Lebel pour Reggiani), « *When I'm sixty-four* » (John Lennon, Paul McCartney), « *Ma pauvre Cécile, j'ai soixante-treize ans* » (Jean-Michel Rivat-Michel Delpech-Roland Vincent, « Quand j'étais chanteur »), etc.

On peut également situer une histoire dans l'espace. Qui n'a pas ressenti une grande émotion à l'écoute de « Nantes », de Barbara :

> *Vingt-cinq, rue de la Grange-aux-Loups / Je m'en souviens du rendez-vous…*

« Nantes », Barbara, 1964

Si le lieu du drame avait été plus vague, plus flou, l'effet n'aurait pas été le même.

Là encore, on peut multiplier les citations : « 27, rue des Acacias » (Jean Nohain, Mireille), « Place des Grands-Hommes » (Bruno Garcin, Patrick Bruel), *« En haut de la rue Saint-Vincent / Un poète et une inconnue… »* (« La complainte de la butte », Jean Renoir, Georges Van Parys)[1], *« Je suis née dans l'Faubourg Saint-Denis / Et j'suis restée une vraie gosse de Paris »* (« Je suis née dans l'Faubourg Saint-Denis », Léo Lelièvre fils-Henri Varna-De Lima, René Sylviano pour Mistinguett), « Dans la rue des Blancs-Manteaux » (Sartre, déjà cité), « Les Champs-Élysées » (Pierre Delanoë pour Joe Dassin), « Le poinçonneur des Lilas » (Serge Gainsbourg), etc.

Mais Paris n'a pas le monopole des refrains ; on peut évoquer en vrac : « Toulouse », un chef-d'œuvre de Claude Nougaro, *« Marseille, tais-toi, Marseille / tu cries trop fort ! »* (« Tais-toi Marseille », Maurice Vidalin et Jacques Datin pour Colette Renard), le célèbre « Clair de lune à Maubeuge » (Pierre Perrin, Claude Blondy), *« Demain, demain, sur la route de Narbonne, / Tout comme jadis, heureux, tu conduiras / Et nous verrons les tours de Carcassonne / Se profiler à l'horizon de Barbeira… »* (« À la porte du garage », Charles Trenet), *« Nancy en hiver / Une neige mouillée / Une fille entre dans un café »* (« Le café des Trois Colombes », Pierre Delanoë et Claude Lemesle pour Joe Dassin) « Nantes » (déjà citée), « Cherbourg avait raison » (Eddy Marnay, Jacques Larue et

---

1. Pardon aux lecteurs de la première édition dans laquelle j'ai commis l'impardonnable erreur d'attribuer ce chef-d'œuvre à Aristide Bruant ! On ne prête qu'aux riches…

Guy Magenta pour Frida Boccara), « Un prince en Avignon » (Jean-Michel Rivat, Frank Thomas et Jean-Pierre Bourtayre pour Esther Ofarim)…

Et la ballade peut continuer, bien sûr, hors de l'hexagone : « Bruxelles » et « Amsterdam » de Brel, « À Amsterdam » de Béart, *« Berlin des années vingt / Quel est le devin / Qui aurait pu dire / Ce que tu devins »* (« Berlin des années vingt », Françoise Mallet-Joris, Michel Grisolia et Marie-Paule Belle), « New York USA » (Gainsbourg), « Manchester et Liverpool » (Eddy Marnay et André Popp pour Marie Laforêt), « Mon copain d'Pékin » (Francis Lemarque), « Le pianiste de Varsovie » (Pierre Delanoë et Gilbert Bécaud), « Que c'est triste, Venise » (Françoise Dorin – Charles Aznavour), « Madrid, Madrid » (Nilda Fernandez), *« Dans son quartier du vieux Québec / Les rues ont l'air d'avoir l'accent… »* (« Dans les yeux d'Émilie », Pierre Delanoë, Claude Lemesle, Vivien Vallay et Yvon Ouazana pour Joe Dassin), « San Francisco » (Maxime Le Forestier), « Suez » (Guy Béart), « Comme à Ostende » (Jean-Roger Caussimon, Léo Ferré), etc.

Inscrire un texte dans un contexte géographique peut avoir un effet insolite, inattendu. Ainsi, Pierre Delanoë, lorsqu'il écrit « Nathalie » pour Gilbert Bécaud, invente, à Moscou, un café Pouchkine qui n'existe que dans son imagination. Eh bien, quelque dix ans plus tard, l'auteur du texte, reçu dans la capitale de ce qui est encore l'Union soviétique, va passer une soirée au café… Pouchkine et recevoir une ovation du public, ravi d'applaudir celui à qui il doit l'existence de son restaurant favori ! Miracle de la chanson !…

Oui, des dates, des points de repère concrets, des chiffres même, pourquoi pas… Brassens, par exemple, a fait fort. Qui d'autre que lui eût osé écrire :

> *Quatre-vingt-quinze fois sur cent,*
> *La femme s'emmerde en baisant,*
> *Qu'elle le taise ou qu'elle le confesse,*
> *C'est pas tous les jours qu'on lui déride les fesses…*

« Quatre-vingt-quinze fois sur cent », Georges Brassens, 1972

On peut citer aussi cette amusante inflation arithmétique de Brel avec, en fin de refrain, cette phrase un peu folle :

> *Une valse à mille temps*
> *Offre seule aux amants*
> *Trois cent trente-trois fois l'temps*
> *De bâtir un roman…*

« La valse à mille temps », Jacques Brel, 1959

Nous voilà bien loin des divagations éthérées, des formules sans sève fustigées par Alceste[1].

Dites sans pontifier, à travers une histoire, un exemple précis, un personnage vivant… Et puis voilà !

S'il faut encore convaincre de la nécessité de n'être ni trop abstrait, ni trop flou, ni trop discursif dans les chansons, permettez-moi, pour finir ce chapitre, deux exemples.

Imaginons que vous décidiez d'écrire quelque chose sur le thème très humain de l'espoir, de l'attente. Il y a déjà eu mille chansons sur le sujet. Comment allez-vous vous y prendre ? Vous pouvez, bien sûr, disserter sur cette idée à coups de vers plus ou moins bien rimés :

> *Toute la vie on attend,*
> *On attend tout le temps,*
> *On espère toujours*
> *Malgré le temps qui court…*

Oui, je sais, c'est nul mais en s'y prenant de cette manière, il fallait s'y… attendre.

---

1. Voir le chapitre précédent.

L'autre option consiste à inventer une histoire, planter un décor, mettre en scène des personnages qui vont illustrer le thème choisi.

Alors, cela peut devenir :

> *Ce soir, j'attends Madeleine,*
> *J'ai apporté du lilas,*
> *J'lui en apporte toutes les semaines,*
> *Madeleine, elle aime bien ça...*

Deuxième couplet :

> *Ce soir, j'attends Madeleine*
> *Mais il pleut sur mes lilas,*
> *Il pleut comme toutes les semaines,*
> *Et Madeleine n'arrive pas...*

Troisième couplet :

> *Ce soir, j'attendais Madeleine*
> *Mais j'ai jeté mes lilas,*
> *J'les ai jetés comme toutes les semaines,*
> *Madeleine ne viendra pas...*

Quatrième et dernier :

> *Mais... demain j'attendrai Madeleine,*
> *Je rapporterai du lilas,*
> *J'lui en rapporterai toute la semaine,*
> *Madeleine, elle aimera ça...*

« Madeleine », Jacques Brel, Jean Corti et Gérard Jouannest, 1962

C.Q.F.D. Vous avez dit, en substance, que toute la vie, on attend, que c'est parfois, souvent, en vain, mais qu'on attend, on espère malgré tout ; seulement, vous l'avez dit sans pontifier, à travers une histoire, un exemple précis, un personnage vivant, émouvant, pareil à vous et à bien d'autres : « *Ah ! insensé, qui crois que je ne suis pas toi* », écrit Victor Hugo.

Ce texte, d'une simplicité extrême, est rempli de détails concrets (les lilas, le tram 33, les frites d'Eugène, le cinéma, la pluie – eh ! oui, encore…) et peuplé, outre Madeleine, l'Arlésienne belge, de personnages (les cousins Léon, Joël et Gaspard), qui vont faire désormais partie de notre imaginaire…

Le second exemple, c'est un chef-d'œuvre de Francis Lemarque, la plus belle, sans doute, des chansons antimilitaristes, tellement simple, vraie. Au lieu d'éructer bêtement contre la guerre, genre : « Ouais, c'est nul, c'est dégueulasse, ça pue, ça tue, etc. », il nous dit juste :

> *Quand un soldat s'en va-t-en guerre, il a*
> *Des tas de chansons et des fleurs sous ses pas.*
> *Quand un soldat revient de guerre, il a*
> *Simplement eu d'la chance et puis voilà…*
> *Et puis voilà !…*
>
> « Quand un soldat », Francis Lemarque, 1953

Y'a des sujets partout

Tout cela est bien beau, me direz-vous… L'accent tonique, la rime, l'assonance, les métriques, les allitérations, les sensations… Mais on écrit quoi ?… Les idées, on les trouve où, les idées, les thèmes ?…

Votre nombril a beaucoup moins de chances d'être le centre du monde que la gare de Perpignan

La réponse est simple, bien sûr : partout… Regardez autour de vous, écoutez, observez, lisez, soyez à l'affût vingt-cinq heures sur vingt-quatre. Ne vous contentez pas de raconter vos états d'âme, quelque passionnants qu'ils soient (pour vous !…), vous risquez de tourner rapidement en rond, sachant que votre nombril a quand même beaucoup moins de chances d'être le centre du monde que la gare de Perpignan[1]. Soyez généreux, ouvert, élargissez le champ d'investigation de votre imagination : *Homo sum : humani nihil alienum puto*, dit Térence (185-159 av. J.-C.), c'est-à-dire : « Je suis homme : rien de ce qui est humain ne m'est étranger. » Votre nombril, franchement, vous en aurez vite fait le tour. La pure contemplation de l'ego produit des œuvres insuffisantes et des auteurs suffisants.

« *Le moi est haïssable* », a dit Pascal… Il ne l'est, en matière de création, que lorsqu'il ne se nourrit que de lui-même, devenant ainsi son

---

1. Qui l'était pour Salvador Dali.

propre parasite. Ah ! oui, vraiment, stop au nombrilisme !… Écoutons Boris Vian :

> *Tant de choses à voir*
> *À voir et à z-entendre*
> *Tant de temps à attendre*
> *À chercher dans le noir…*

Je voudrais pas crever, Boris Vian, 1962

Et Totor :

> *… C'est que l'amour, la tombe, et la gloire, et la vie,*
> *L'onde qui fuit, par l'onde incessamment suivie,*
> *Tout souffle, tout rayon, ou propice ou fatal,*
> *Fait reluire et vibrer mon âme de cristal,*
> *Mon âme aux mille voix que le Dieu que j'adore*
> *Mit au centre de tout comme un écho sonore…*

« Ce siècle avait deux ans », *Les Feuilles d'automne*, Victor Hugo, 1832

Tout est matière à écrire, à vous de trouver l'angle… ou l'indispensable petite différence !

L'auteur, témoin de son temps, passager de la vie, nous fait voir le monde à sa façon. Libre à lui de le célébrer ou de le vilipender, d'être lyrique ou critique, d'applaudir, de vitupérer ou simplement de raconter, pourvu qu'il le fasse à sa manière, à travers son propre prisme déformant. Oui, faire rire, pleurer, vibrer à tout, aimer : « *Tout aimer, voilà le secret. Être amoureux du grain de café qu'on moud le matin, de l'oiseau qui s'oublie sur votre chapeau, du facteur qui vous apporte votre feuille d'impôts, de l'adjudant qui vous fait ramper dans la boue. Aimer ! Aimer ! Le voilà, le secret. Et puis s'aimer soi-même, surtout si l'on est son genre…* », a écrit Frédéric Dard. S'aimer soi-même n'implique pas qu'on ne parle que de soi, bien au contraire : il faut faire, une bonne fois pour toutes, le tour de son nombril. Une fois qu'on a pris conscience de sa dimension dans l'univers, on passe vite à autre chose !...

Tout est matière à écrire, à composer. Ce qui compte n'est pas tant le thème traité que l'angle sous lequel on le traite. Il faut que l'auteur, si possible, trouve une façon personnelle de l'aborder.

Je garde un souvenir très précis des circonstances dans lesquelles j'ai eu l'idée de ma première chanson un peu digne de ce nom. C'était en octobre 1963, à l'aube de mes dix-huit ans. Élève d'hypokhâgne au lycée Henri IV, je subissais, comme tous les camarades de ma classe, les cours de philosophie d'un prof certainement très calé mais totalement incompréhensible. Personne, d'ailleurs, ne l'écoutait, à part une poignée de jeunes gens bluffés par son jargon de chapelle. Après avoir essayé de m'accrocher en début d'année scolaire, je décidai un jour de renoncer et me mis à écrire en pleine classe – honte à moi ! – un texte sur le cahier où j'étais censé prendre des notes. L'idée en était la suivante : un certain nombre de mes copains passaient leurs vacances outre-Manche et, sous prétexte d'apprendre l'anglais, jetaient leur gourme dans les bras de quelques ingénues britanniques. Moyennant quoi, ils revenaient chez eux avec un souvenir ému, non tant de la langue de Shakespeare que de celle de Mary, Bridget ou Pamela...

Comme ces garçons se vantaient bien volontiers, l'automne venu, de leurs conquêtes estivales, j'avais envie de les « chambrer » gentiment en présentant, dans ma chanson, un personnage de jeune homme attardé, brimé par ses parents et ses profs, qui déclarait au refrain :

Mais je m'en fous, je vais me venger,
Je vais fumer des cigarettes
Et voir des dessins animés :
J'pars en Angleterre cet été !...

« En Angleterre cet été », Claude Lemesle et Bernard Lelou, 1966

J'avais donc choisi de traiter un sujet d'actualité sous l'angle de la dérision. J'étais loin d'imaginer que, dix ans plus tard, sur le même thème, Michel Lang réaliserait un film sur un mode plutôt romantique : *À nous, les petites anglaises*. Le même constat a donc inspiré, à quelques années d'intervalle, deux œuvres différentes dans des genres différents et sur des registres différents.

En tout cas, c'est cette chanson, réussie ou non, mais développant sans doute une bonne idée qui m'a permis, quinze mois plus tard, de me faire remarquer par Mireille, d'intégrer son Petit Conservatoire et de mettre par conséquent le pied à l'étrier. En l'occurrence, j'avais traité un sujet « dans l'air ». On peut, bien sûr, s'inspirer de l'actualité. Bécaud et Delanoë l'ont fait, par exemple, avec « Tu le regretteras » où ils évoquent le général de Gaulle, Michel Delpech, avec « Wight is Wight ». Plus récemment, des titres comme « Et si en plus y a personne » d'Alain Souchon et Laurent Voulzy et « Manhattan Kaboul » de Renaud participent très talentueusement de cette démarche.

L'Histoire est une mine de sujets, faites-en votre histoire

Mais on peut également aller fouiller dans un passé proche ou lointain. Ainsi, « La java des Gaulois » de Ricet Barrier et Bernard Lelou, « Faut rigoler » de Boris Vian et Henri Salvador ou ces beaux vers de Pierre Delanoë reliant l'antiquité romaine au vingtième siècle parisien :

> *La pluie de Jules César*
> *Est la même que celle*
> *Qui m'a mouillé ce soir*
> *Dans la rue de Courcelles.*

« La pluie de Jules César », Pierre Delanoë, Jacques Revaux – Pierre Billon, 1980

Remontons le cours du temps. Il y en a pour toutes les dynasties : les Mérovingiens (« Le bon roi Dagobert »), les Carolingiens (« Sacré Charlemagne » de Robert Gall et Georges Liferman, pour la fille du premier, France), les Capétiens :

© Groupe Eyrolles

Hélas, Monsieur, je suis en cire
Et vous, vous êtes au musée Grévin.
Louis XIV ? Ah ! triste sire,
Nous ne sommes plus des humains…

« La polka du Roi », Charles Trenet, 1938

Il y en a aussi pour toutes les époques : la Révolution française (« La Bastille » de Jacques Brel, « Danton » de Jacques Revaux, Maurice Vidalin et Michel Sardou, pour ce dernier), le dix-neuvième siècle (« L'amour 1830 » d'Alain Souchon, « Les cerises de Monsieur Clément » de Vidalin et Fugain), le vingtième (« Potemkine » de Georges Coulonges et Jean Ferrat, « Jaurès » de Brel…). On pourrait multiplier les exemples, bien évidemment. L'essentiel n'est pas là…

Des idées, on en trouve à la pelle, partout, tout le temps. Dans le passé, dans l'actualité, dans l'avenir, dans l'imaginaire, dans l'utopie. Il y a vraiment de quoi faire… Mais « *l'essentiel, pour le créateur, ce n'est pas de faire, c'est de faire autrement* », disait Boris Vian.

Il importe donc, quand on a trouvé une bonne idée, de se dire : « Sous quel angle vais-je la traiter ? »

« Donnez-moi un point d'appui et je soulèverai le monde »

Nous sommes au début des années soixante. Bécaud et son complice Delanoë travaillent dans la fameuse cabane du Chesnay, celle que Gilbert fera reconstruire à l'identique ensuite partout où il ira (dans le Poitou, en Corse). L'auteur et le compositeur-interprète « sèchent ». Or, s'il y a une chose que ce dernier ne supporte pas, c'est bien celle-là. Ce boulimique, cet affamé de vie et de musique se sent mourir un peu chaque fois que la sève créatrice semble l'abandonner, ou tout du moins le faire attendre. Très énervé, presque désemparé, il lance à son collaborateur : « Mais enfin, Pierre, dis-moi quelque chose… Un mot… N'importe quoi !… » Le parolier, qui

119

connaît son ami, ne se laisse pas impressionner par sa brusque colère et lance, de but en blanc, le mot « Orange »…

« Orange, d'accord, répond Gilbert, prêt à tout accepter plutôt que le vide et le silence, mais on fait quoi, avec ça ?… » Alors commence entre les deux hommes ce que l'on appelle en anglais un *brainstorming*, c'est-à-dire une recherche d'idée à plusieurs – le « plusieurs » étant, là, réduit à son strict minimum. « Que peut-on faire avec une orange ? », se disent-ils… La cueillir ?… Aucun intérêt. La vendre ?… Pas plus ! L'acheter ?… Bof !… La peler, la manger, la presser, la boire ?… On s'en fout !… La voler ? Ah ! la voler, pas mal !… Il y a une action dramatique qui peut être développée. Mais… être accusé de l'avoir volée, et l'être injustement ?… Mieux… Les deux compères se regardent : bonne pioche, bonne piste. Et c'est parti :

> *Tu as volé, as volé, as volé, as volé, as volé, as volé l'orange,*
> *Tu as volé… l'orange du marchand…*
> *– Non !…*

« L'orange », Pierre Delanoë, Gilbert Bécaud, 1964

Gilbert, soulagé, libéré, s'envole dans un gospel qui porte et que portent les mots de Pierre. Il imagine à l'avance le numéro qu'il va pouvoir faire sur scène avec ce morceau. Peut-il deviner qu'en 2003, quelques jeunes gens et jeunes filles en feront un des plus beaux succès de l'histoire de la Star Academy ?… Et tout ça grâce à un mot lancé on ne sait pourquoi un après-midi au Chesnay – peut-être y avait-il une corbeille de fruits dans la cabane, tout simplement ? – et, surtout, grâce à la façon dont les deux créateurs, après un effort commun d'imagination, ont décidé de l'utiliser…

Réduisons le diamètre du fruit. Transformons, par exemple, cette orange en une noix. Trenet l'a fait et voici le résultat :

> *Une noix,*
> *Qu'y a-t-il à l'intérieur d'une noix,*
> *Qu'est-ce qu'on y voit,*

Quand elle est fermée ?...
On y voit la nuit en rond
Et les plaines et les monts
Les rivières et les vallons,
On y voit
Toute une armée...

« Une noix », Charles Trenet, Charles Trenet – Albert Lasry, 1948

Vision de poète, bien sûr, mais vous pouvez constater que le simple nom d'un simple fruit peut déclencher une avalanche d'images et engendrer une chanson. Jusqu'à ce couplet final où le poète redescend sur terre pour mieux conclure dans l'humour :

Une noix,
Qu'y a-t-il à l'intérieur d'une noix,
Qu'est-ce qu'on y voit
Quand elle est ouverte ?...
On n'a pas le temps d'y voir,
On la croque et puis bonsoir
On n'a pas le temps d'y voir,
On la croque et puis bonsoir,
Les découvertes...

Les chansons peuvent naître de bien étrange façon. Au début des années 1980, Pierre Delanoë, Michel Sardou et Jacques Revaux partent travailler à la campagne. Le synthé de ce dernier, un Prophet, supporte mal le voyage et, à l'arrivée, ne consent à produire que des sons de cornemuse. Contraint et forcé, le compositeur plaque quelques accords de type celtique. Pierre intervient alors et lui demande la raison de cette mélodie aux consonances irlandaises. Revaux lui ayant expliqué qu'il n'a pas le choix, Delanoë cherche une idée, bientôt rejoint par Sardou qui le « titille » : « Qu'est-ce que ça t'évoque ? – Je ne sais pas moi, l'Irlande, le rugby – Nul ! – Les pubs – Nul ! – Les plaines – Nul ! – Les lacs du Connemara – Ah ? ça, ça m'intéresse ! » C'est ainsi qu'une des plus belles chansons de Michel est née à cause d'un Prophet en panne... On raconte aussi que Brel a trouvé le début de « La valse à mille temps » grâce aux virages très serrés d'une route montagnarde d'Afrique du Nord… Leur rythme lui aurait inspiré les premières notes de la mélodie, le thème de la valse venant ensuite naturellement.

« Donnez-moi un point d'appui et je soulèverai le monde », se plaisait à dire Archimède. Combien de fois ai-je entendu mon aîné Delanoë me répéter ce principe du grec de Syracuse ? C'est indispensable, certes, mais il y a plus important : trouver l'angle sous lequel traiter ce sujet, l'indispensable petite différence, cette part légère d'inattendu qui va donner sa couleur propre à l'œuvre.

Je, tu, il, elle… Trouvez le bon pronom ou la bonne personne !

Et d'abord, quel pronom personnel employer ? Je, tu ou il (elle) ? Le même sujet, la même histoire ne vont pas toucher de la même façon selon que vous allez les raconter à la première, à la deuxième ou à la troisième personne. À vous de choisir en fonction de l'impact que vous recherchez. Avec le « je », il va être plus direct, l'interprète va endosser le propos, l'assumer, le vivre :

> *Au village sans prétention,*
> *J'ai mauvaise réputation.*
> *Qu'je m'démène ou qu'je reste coi,*
> *Je passe pour un je-ne-sais-quoi…*

« La mauvaise réputation », Georges Brassens, 1952

Avec le « tu », il va interpeller, prendre à témoin, s'adresser à quelqu'un de précis :

> *Tu n'es pas de celles qui meurent où elles s'attachent,*
> *Tu frottes ta joue à toutes les moustaches,*
> *Faut s'lever de bon matin pour voir un ingénu*
> *Qui n't'ait pas connue…*

« Embrasse-les tous », Georges Brassens, 1960

122

Avec le « il » (ou le « elle »), il va faire au public un récit, lui conter une histoire sans forcément s'y mettre en scène ou s'y investir, il va lui montrer des personnages et lui décrire une action :

> *Malgré la bise qui mord*
> *La pauvre vieille de somme*
> *Va ramasser du bois mort*
> *Pour chauffer bonhomme,*
> *Bonhomme qui va mourir*
> *De mort naturelle...*

« Bonhomme », Georges Brassens, 1958

J'ai pris volontairement comme exemples trois chansons de Brassens pour bien vous montrer qu'un même auteur peut utiliser des angles d'attaque différents... Vous avez trois options, la première, la deuxième et la troisième personne ; autant y réfléchir un peu, avant d'entrer dans votre chanson. Le futur interprète peut d'ailleurs intervenir dans ce choix. Après tout, il est très concerné !... Et s'il ne fait qu'un avec le responsable des mots (les chanteurs-auteurs sont nombreux...), rien ne l'empêche de se consulter lui-même...

J'ai la chance d'avoir chez moi une sorte de « brouillon sonore » d'une chanson de Brel : « Jojo ». Le grand Jacques, en effet, lorsqu'il en travaillait le texte et la musique, avait enregistré un état provisoire de l'œuvre chez un de mes amis[1], sans doute pour se rendre compte, à l'écoute, de ce que cela donnait. Or entre cette version et la définitive, celle qui figure sur l'album, outre la musique qui a radicalement changé, il y a une différence majeure : le pronom personnel. Dans la première, Brel emploie la troisième personne du singulier et raconte :

> *Six pieds sous terre, il chante encore,*
> *Six pieds sous terre, il n'est pas mort...*

---

1. Le docteur Paul-Robert Thomas.

Dans la seconde, il utilise le tutoiement. Aussitôt, lui et nous, nous sentons beaucoup plus concernés par la situation, cela devient une déclaration d'amitié *post mortem* qui nous touche, nous bouleverse :

> *Six pieds sous terre, Jojo, tu chantes encore,*
> *Six pieds sous terre, tu n'es pas mort...*

« Jojo », Jacques Brel, 1977

Cette proximité, cette façon de s'adresser directement et au présent à l'ami disparu inspirent à Brel des vers beaucoup plus forts, parce que mieux sentis, certainement, plus sincères :

> *Jojo,*
> *Voici donc quelques rires,*
> *Quelques vins, quelques blondes.*
> *J'ai plaisir à te dire*
> *Que la nuit sera longue à devenir demain...*

Ce changement de personne, ce passage de la troisième à la deuxième, cette différence d'angle, donc, vous pouvez les constater vous-mêmes puisque la version « brouillon » figure dans le dernier coffret de trois DVD de l'artiste et que vous avez ainsi à présent la possibilité de comparer les deux. Ne vous en privez pas, vous verrez, c'est instructif...

Une anecdote me revient en mémoire. Je dîne avec Jacques à Tahiti, fin novembre 1976. Après un excellent repas bien arrosé (ah ! les apéros de Madly !...), nous devisons de choses et d'autres et en particulier, bien sûr, de chansons... Et voilà qu'il me lance : « Est-ce que tu chantes ? » Je lui réponds que j'ai arrêté depuis bien longtemps et que je n'ai absolument aucune envie de m'y remettre. Il insiste malgré tout car il tient visiblement à poursuivre son idée : « Bon... Eh bien ! imaginons que tu t'y remettes. Tu sais, quand on chante sur scène et qu'on a écrit ses propres chansons, il arrive que l'interprète ne soit pas d'accord avec ce qu'a écrit l'auteur. Si donc, en tant que chanteur, tu tombes sur quatre vers qui ne te plaisent pas, tu bouges les pieds comme ça… » Là, afin de joindre le geste à la parole, il se lève et exécute devant moi une espèce d'entrechat. « Si tu fais ça, conclut-il, les gens n'écoutent plus ton texte mais regardent tes pieds et tu es sauvé… » Depuis, chaque fois que j'ai l'occasion de regarder la captation d'un tour de chant de Brel, je guette le moment où il va bouger les pieds : « Ah ! tiens, ce vers-là, il ne l'aimait pas !… »

Lorsqu'il a changé de plan pour « Jojo », comme le cinéaste qu'il avait été aurait pu le faire, et qu'il est passé de la troisième à la deuxième personne, il est certain que l'auteur Jacques a pensé à l'interprète Brel et a voulu lui éviter des entrechats inutiles…

Amusons-nous un peu !… Imaginons telle ou telle chanson que nous connaissons bien avec un changement de pronom personnel… Tiens, par exemple :

> *Tu as encore rêvé d'elle,*
> *C'est bête, elle n'a rien fait pour ça.*
> *Elle n'est pas vraiment belle,*
> *C'est mieux, elle est faite pour toi.*
> *Tout en douceur,*
> *Juste pour ton cœur…*

Si tel avait été le choix de l'auteur, Serge Koolenn, le compositeur-interprète, Richard Dewitte aurait certainement éprouvé moins d'émotion à chanter cette version avec la délicieuse et regrettée Joëlle.

Allez, plus iconoclaste encore :

> *Ne le quitte pas…*
> *…Lui, il t'offrira*
> *Des perles de pluie*
> *Venues de pays*
> *Où il ne pleut pas…*

Ça rime mieux mais, comme on le dit maintenant (à moins que ce ne soit déjà démodé, allez savoir…), ça ne le fait pas du tout !…

Essayons autre chose :

> *Il est l'poinçonneur des Lilas,*
> *Le gars qu'on croise et qu'on n'regarde pas...*

Ou bien :

> *Il chante,*
> *Il chante soir et matin,*
> *Il chante sur son chemin*
> *Il chante,*
> *Il va de fermes en châteaux,*
> *Il chante pour du pain,*
> *Il chante pour de l'eau...*

Ça ne le fait pas plus !... Explorons à présent le chemin inverse, le passage du mode impersonnel à un mode personnel :

> *C'est un beau roman, c'est une belle histoire,*
> *C'est une romance d'aujourd'hui,*
> *Je rentrais chez moi, là-haut, dans le brouillard,*
> *Toi, tu descendais dans le midi.*
> *Nous nous sommes trouvés au bord du chemin,*
> *Sur l'autoroute des vacances...*

Bof !... Le « je » n'en vaut pas la chandelle ! Ça ne marche pas mieux...

Et le passage de la deuxième à la première personne ? Voyons...

> *Je résiste,*
> *Je prouve que j'existe,*
> *Je cherche mon bonheur partout,*
> *Je refuse ce monde égoïste...*

Non, décidément, pour ce genre de chanson, l'interpellation est meilleure... La gamme des pronoms personnels est vaste : je, tu, il (ou elle ou on), nous, vous, ils (ou elles ou on). Encore faut-il opter pour le bon, et, à ce sujet, méfiez-vous un peu de vos interprètes, chers auteurs, ils ont toujours tendance à vouloir choisir la première personne du singulier. Allez savoir pourquoi !...

Celle-ci peut toutefois permettre à un chanteur-comédien de jouer les rôles les plus inattendus : Sardou, chantant, par exemple, à 25 ans, les « Vieux mariés » : « *On vient de marier le dernier...* » ou bien revêtant, au même âge, la soutane : « *Moi qui suis le jeune curé...* » Ou, plus insolite encore, Reggiani campant un chimpanzé (« Le vieux singe », Lemesle, Dassin), Cabrel, un taureau (« La corrida »), Polnareff, une mouche (« *Je suis une mouche / Posée là sur ta bouche* »), Nana Mouskouri, une vague (« *Je suis une vague, / Je suis née sur une plage / D'Italie par un beau matin d'été...* », Jean Vallée) et enfin – mais la liste est loin d'être exhaustive... – Jacques Brel, un soir d'été (superbe !) :

> *Et la sous-préfecture fête la sous-préfète*
> *Sous le lustre à facettes, il pleut des orangeades,*
> *Et des champagnes tièdes et les propos glacés*
> *Des femelles maussades de fonctionnarisés.*
> *Je suis un soir d'été...*

« Je suis un soir d'été », Jacques Brel, 1968

Il y a bien sûr des thèmes extrêmement difficiles à aborder tels que la pédophilie, le cancer, le sida ou le viol. Ce sont des sujets d'une telle violence que bien des auteurs, même parmi les meilleurs, ont échoué à les traiter. On trouve cependant de magnifiques exceptions à ces échecs, comme « Douce maison » de notre grande et bien aimée Anne Sylvestre, une œuvre sur le viol dont la délicatesse et la subtilité de la métaphore n'empêchent pas, à la finale, l'interprète-auteure de chanter clair et fort son indignation et son devoir de dénoncer. Je vous en prie, écoutez ce chef-d'œuvre.

Brodez sans digresser

Concernant l'angle d'attaque d'une chanson, il y a, vous vous en doutez bien, mille autres paramètres en dehors de celui que nous venons d'évoquer. Un même mot peut être le pivot de tant de sujets différents ! Prenons-en un, si vous voulez bien, au hasard : « cheval ». Il a inspiré des histoires un peu tristes (« Le petit cheval » de Paul Fort et Brassens), d'autres, très tristes (« Stewball » d'Hugues Aufray et Pierre Delanoë), un autoportrait truculent (« Le cheval » de Brel), un récit délirant, (« Vous oubliez votre cheval » de Trenet) et j'en passe… Autant d'œuvres qui, vous le voyez, n'ont rien à voir les unes avec les autres et pourtant partent du même nom commun. On pourrait multiplier les exemples. Essayez avec tous les mots qui vous passent par la tête, vous verrez (à part le mot évier, peut-être…).

Un autre point important est de savoir, à partir de l'idée principale, décliner tout un tas d'idées annexes pouvant s'y rapporter, sans pour autant tomber dans la digression.

Pierre Perret décide, en 1966, d'écrire un morceau satirique sur « Les jolies colonies de vacances ».

Le cher Pierrot va d'abord choisir la forme qu'il compte donner à cette charge humoristique. Il opte pour la lettre du jeune colon à ses parents, excellent choix puisqu'il va lui permettre de donner à l'œuvre un ton candide qui va renforcer l'effet comique. Ensuite, il va égrener, sous la plume du jeune garçon, toutes les horreurs qu'il subit en réservant à chaque couplet des surprises toutes plus « gratinées » les unes que les autres. Tous ces enfants innocents, en effet, respirent « *la fumée de l'usine d'à côté* », et vont jouer « *dans la décharge municipale* ». Pour ce qui concerne la bouffe, « *les fayots, c'est du vrai béton* », alors ils font les poubelles pendant que les monos ronflent (« *ils sont ronds comme des queues de pelle* »). On découvre ensuite (troisième couplet) que les lavabos sont trop hauts pour le garçonnet de huit ans, qu'il a glissé sur une chaise en voulant faire pipi dans le lavabo et qu'« *il a trois canines au Père-Lachaise* ». Puis il évoque les punitions qu'il trouve plutôt dures puisqu'on les attache en plein soleil « *tout nus barbouillés d'confiture* »… Ensuite, la baignade dans un petit bras « *où sortent les égouts d'la ville* », ce qui fait qu'ils ont « *tous le typhus* ». Et le pauvre petit colon conclut en évoquant sa fiancée et cette autre colonie où vont les grandes filles, à Tanger… Le tableau est complet. L'ami Perret n'a pas oublié grand-chose et l'accumulation de tous ces petits détails contribue, bien évidemment, à réjouir l'auditeur, qu'il soit directement concerné ou pas. La chanson a eu, comme vous le savez, un énorme succès tout à fait mérité. Et tant pis pour les quelques associations grincheuses qui l'ont mal prise…

Encore faut-il que le sujet soit bon

Quand le sujet est bon, il est donc bon d'en développer toutes les facettes. Parfois, en cours de route, on prend conscience qu'il ne l'est pas. Qui n'a pas eu vent de l'histoire – fameuse – de « Yesterday » ? La légende veut que Paul McCartney se soit réveillé un matin avec cette mélodie miraculeuse en tête mais avec des paroles de circonstance pour l'heure du petit dej. : *scrambled eggs*. Vite persuadé par les trois autres Beatles que ces deux mots détonnent sur la musique, il décide alors de les changer et adopte, dieu merci, le titre actuel, nettement plus approprié.

J'ai déjà raconté dans un autre livre[1] l'histoire de « Et si tu n'existais pas ». Pour la résumer rapidement, Pierre Delanoë et moi-même avions décidé d'écrire sur un thème musical de Toto Cutugno un texte qui s'intitulerait « Si l'amour n'existait pas ». Après plusieurs semaines de vaines tentatives sur le sujet[2] et des pages totalement désertiques, nous nous sommes aperçus que nous faisions fausse route. Si l'amour n'existait pas, rien n'existerait et nous ne pouvions donc rien écrire là-dessus. Nous avons changé notre titre en le concrétisant : « Et si <u>tu</u> n'existais pas », et n'avons, aussitôt, plus rencontré aucune difficulté.

On peut évoquer aussi l'histoire de « Mon homme »… Albert Willemetz et Maurice Yvain travaillent, en Normandie, sur une chanson

---

1. *Puisque tu veux tout savoir. Confidences à Julien Dassin*, Albin Michel, 2005.
2. Voir le cahier couleur.

dont le texte est… une recette de cuisine sur une musique assez guillerette. Jacques Charles, présent, lui aussi, consterné par ce qu'il entend, se permet d'intervenir : « Si vous voulez mon avis, ce que vous êtes en train d'écrire ne vaut rien du tout. Toi, Maurice, tu devrais ralentir le tempo de ta mélodie. Quant à toi, Albert, change de sujet, pour l'instant, c'est totalement inconsistant… » Les deux compères écoutent leur ami. Yvain transforme sa musique rythmée et bébête en un air plutôt joli, et cela sans changer une seule note. Charles propose à Willemetz le titre « Mon homme » et c'est parti. Le tandem devenu trio compose un morceau d'anthologie qui fera le tour du monde… Mais je ne peux pas m'empêcher de penser, de temps en temps, à ce qu'aurait donné la scène superbe de Funny girl où Barbra Streisand auditionne avec « My man », version anglaise de « Mon homme », si Jacques Charles, un jour d'été des années vingt, avait laissé faire ses deux amis et si la grande chanteuse américaine avait été, par conséquent, dans l'obligation de nous bouleverser avec une recette de cuisine !…

Encore une histoire de transformation à vue d'un thème… ? D'accord !

Joe Dassin reçoit une musique de l'excellent Toto Cutugno, juste après le succès de « L'été Indien » dont le jeune italien était le compositeur : c'est une impossible musique de fanfare, une insipide cuivrerie pour majorettes, dont le pire des ensembles de la pire des casernes ne voudrait pas. Joe et moi l'écoutons, incrédules. Je suis prêt à jeter cette pantalonnade musicale aux oubliettes… mais, là est le génie de ce grand artiste, il prend sa guitare et transforme l'improbable morceau pour trombones et grosse caisse en une jolie ballade : aucune note n'est changée, seul le rythme est différent. De cette astuce étonnante va naître « Ça va pas changer le monde », un des fleurons du répertoire de mon ami.

Petit ou grand sujet, traitez votre public en adulte

Oui, tous les sujets sont dans la nature, le moindre petit mot, l'idée la plus banale peuvent donner naissance à des chefs-d'œuvre pour peu que vous trouviez un angle personnel pour les aborder, le petit supplément d'émotion, d'imagination ou d'humour qui va soudain en faire quelque chose d'unique, susceptible de toucher et de rester. S'agissant de l'égoïsme, par exemple, j'ai trouvé merveilleuse la trouvaille de Béart : « *Parlez-moi de moi, y a qu'ça qui m'intéresse… »*, une chanson qu'il chantait en duo avec la non moins merveilleuse Jeanne Moreau. Et qui, dans un autre domaine a su nous sensibiliser à la danse mieux que Claude Nougaro ?

> *Petits chats, petits rats, avec nos frêles os,*
> *Nous allions à l'école de danse,*
> *À la barre de chêne se courbaient les roseaux*
> *De nos corps amoureux de cadence*
> *La danse est une cage où l'on apprend l'oiseau.*

« La danse », Claude Nougaro, Claude Nougaro – Maurice Vander, 1977

Superbe évocation conclue par un sublime paradoxe. Ah ! oui, là, l'angle est trouvé, on se sent en phase avec ces jeunes garçons et ces jeunes filles balbutiant avec amour leurs pointes, même moi qui suis incapable de danser… Miracle du talent et du travail.

Même lorsque vous devez traiter un sujet extrêmement sérieux, essayez de trouver une façon originale de le faire. Je pense, entre autres, au « Gorille » de Georges Brassens ou à « Si la photo est bonne » de Barbara où l'un et l'autre, chacun à sa manière, fustige la peine de mort. Je pense aussi à la « Guerre de 14-18 » du premier, une des plus grandes diatribes antimilitaristes qui soient, mine de rien. Je pense encore à « La corrida » de Francis Cabrel où c'est le taureau lui-même qui s'exprime, où tout passe par son regard et où l'impact n'en est que plus violent, je pense enfin – mais il y a, Dieu merci, bien d'autres exemples – à « Et si en plus y a personne », que j'ai déjà citée, où Souchon, tout en douceur, à sa manière, plante de sérieuses banderilles dans les flancs du fanatisme.

La chanson soi-disant engagée et complètement cucul-la-praline où on se contente de dire : « La guerre, c'est pas bien, le racisme, c'est vilain… », c'est tout de même nettement insuffisant et souvent affligeant. Il y a évidemment beaucoup mieux à faire et bien plus convaincant. Un créateur doit créer, se montrer imaginatif : ainsi Delanoë, avec « Les crayons de couleurs » pour Hugues Aufray et « Mustapha Dupont » pour Bécaud, a-t-il réussi deux jolis textes contre les exclusions et le racisme ; ainsi Bénabar, avec « Je suis de celles » a-t-il, à mon sens, su camper un personnage très touchant de femme dans une démarche très féministe. Il n'est pas forcément nécessaire d'éructer violemment pour combattre. Jules Renard a écrit dans son journal : « *L'emportement de la satire est inutile. Il suffit de montrer les choses telles qu'elles sont. Elles sont assez ridicules par elles-mêmes.* » C'est d'autant plus vrai que le public doit être traité en adulte et laissé libre de ses conclusions face au texte proposé par l'artiste. Le public n'est pas composé de débiles incapables de tirer la morale d'une histoire. L'auteur doit lui faire confiance sauf à commettre un péché d'orgueil proche du complexe de supériorité. Brel disait, intelligemment et simplement : « Les messages, je les laisse au facteur !… »

Un dernier mot sur la façon d'aborder un sujet, l'angle d'attaque : méfiez-vous du second degré. Je l'adore, mais il est souvent à double tranchant. Deux exemples : Bécaud, lorsqu'il a chanté cette chanson tout à fait déchirante « La solitude, ça n'existe pas » a reçu énormément de lettres qui lui disaient, en substance : « Monsieur, comment pouvez-vous déclarer une chose pareille ?… Je suis seul, et j'en souffre !… » Quant à Marie Laforêt, interprétant une gourde dans une œuvre d'Eddy Marnay et André Popp, « Sébastien », elle répétait à l'envi : « *La belle fête qu'il aura / En rentrant du Vezuenela…* » Évidemment, mille protestations épistolaires : « Madame… On ne dit pas Vezuenela mais Venezuela… » D'ailleurs, mon correcteur d'orthographe, soucieux de se mettre au diapason, proteste lui aussi !…

Pour conclure ce chapitre sur une note amusante, j'avoue avoir été moi-même sujet de chanson une fois dans ma vie. Je déjeune un jour de 1972 avec mon ami Serge Lama et la flamboyante Mélina Mercouri. Nous parlons de choses et d'autres et, le vin aidant, j'évoque ma vie privée. « Je suis très content, dis-je en gros... Ma femme m'a quitté mais tous les soirs, je m'encanaille à Pigalle avec des potes. Et, croyez-moi ou non, je ne me suis jamais autant amusé... Je m'éclate comme un fou ! » Quelques mois plus tard, Serge sortait « Les petites femmes de Pigalle », un excellent texte sur une excellente musique de Jacques Datin... Oui, vraiment, y'a des sujets partout. C'est pourquoi je suis toujours surpris et triste lorsque j'entends une chanson sans le moindre petit commencement de l'ombre de quelque chose qui pourrait y ressembler. Il y en a, hélas, beaucoup !...

Et ça se construit comment ?
De la première mouture
au parfait p'tit chef-d'œuvre
(… dans le meilleur des cas !)

« Vingt fois sur le métier, remettez votre ouvrage. »

Art poétique, Nicolas Boileau-Despreaux,1674

Dans le fournil à textes il faut pétrir les mots

Des sujets, donc, on en trouve à foison, plein, partout. Il suffit d'observer, d'écouter, de lire, d'être un tant soit peu curieux de la vie. C'est ensuite, comme nous venons de l'évoquer, que le travail commence vraiment : j'ai un thème, comment vais-je le traiter ?…

Bien… Vous avez choisi votre angle d'attaque, décidé entre le je, le tu et le il, déterminé votre métrique si vous ne disposez pas d'une mélodie, bien repéré les temps forts si vous devez écrire sur une musique. Des images viennent, des couleurs, des sensations naissent. Les personnages, l'histoire se dessinent. Un couplet puis deux… Un refrain, peut-être…

O. K… la première mouture est là, sortie toute chaude de votre fournil à textes. Il se peut qu'elle soit parfaite, cela arrive. Mais relisez-vous quand même… Est-ce que tout est vraiment clair ?… Est-ce que votre texte correspond à votre projet initial ? Souvent, en cours d'écriture, on dévie, on digresse, on s'égare parfois. Et d'abord, avez-vous un titre ? L'absence de titre est souvent significative : elle prouve que l'on n'a pas trouvé la phrase clé, qu'elle soit récurrente ou qu'elle résume le projet, le propos de l'auteur.

On connaît la chanson… Le titre est essentiel, bien sûr

Comment appeler une chanson ? Pour certaines, c'est extrêmement simple. Le titre s'impose évidemment. Il s'agit souvent d'une phrase du refrain, assez fréquemment de la première. C'est le cas, pêle-mêle, et dans des genres très différents, des « Jolies colonies de vacances », déjà citées, de « Qu'on est bien » de Guy Béart, d'« Avanie et framboise » de Boby Lapointe, des « Champs-Élysées » de Pierre Delanoë pour Joe Dassin, de « So far away from L.A. » de Nicolas Peyrac, de « Quand la musique est bonne » de Jean-Jacques Goldman, de « Foule sentimentale » d'Alain Souchon, de « Je viens du Sud » de Michel Sardou et Pierre Delanoë, récemment reprise par Chimène Badi, et les exemples sont légion.

Pour d'autres œuvres, il s'agit de la dernière phrase du refrain : on peut citer, entre autres, « Je ne suis pas bien portant » de Géo Koger et Scotto pour Ouvrard, « Carte postale » de Francis Cabrel, « Viva la vida » de Brice Homs et Michel Fugain, « La retraite » d'Allain Leprest et Romain Didier ou, également de « La femme d'Hector » de Brassens et d'« On ne voit pas le temps passer » de Ferrat ; là non plus, les exemples ne manquent pas, pas plus que pour celles dont on trouve le titre à l'intérieur même du refrain : « Le zizi » de Pierre Perret (où il revient, d'ailleurs, à la fin), « Le clair de lune à Maubeuge », déjà cité, ou la « Valse à mille temps » de Jacques Brel, déjà citée, elle aussi, tout comme « La Javanaise » de Gainsbourg. Cela peut être également, le condensé d'une phrase du refrain, ainsi « … *Qu'il est long, qu'il est loin, ton chemin, papa…* », devient, par exemple, « Le chemin de papa ». De la même façon, dans la chanson d'André Hardellet et Guy Béart, « *Si tu reviens jamais danser chez*

Temporel... /... Dans ce petit bal mal famé... » donne, naturellement : « Le bal chez Temporel ».

Le titre peut être, également, le prénom d'un personnage de la chanson. C'est fréquent chez Brel : « Madeleine », « Jef », « Mathilde », « Fernand », « Jojo », « Titine », etc. Mais également chez d'autres : « Valentine », « Rosalie », « Nathalie », « Pierre », « Sébastien », « Michèle », j'en passe...

Il arrive – et de plus en plus souvent, c'est à noter – qu'une chanson ne comporte pas de refrain. Rien n'oblige l'auteur ni le compositeur à en écrire un, même si Brassens disait que cela permettait « *de se rappeler au bon souvenir du public qui est quelquefois un peu passif* »[1]. Il peut, en tout cas, être réduit à sa plus simple expression, à une simple phrase, à quelques mots qui constituent alors un leitmotiv : « Le plat pays qui est le mien... », « C'est extra... », « Le ciel, le soleil et la mer », « Mon vieux », « En chantant », « Que je t'aime... », « J'ai oublié de vivre », « Comme d'habitude », « Comme ils disent », « À nos actes manqués », etc. Le titre est alors la plupart du temps tout ou partie du leitmotiv en question.

Lorsqu'il n'y a pas de refrain du tout, c'est assez souvent la première phrase du couplet initial (ou des couplets) qui donne son titre à l'œuvre, par exemple : « Prendre un enfant par la main » d'Yves Duteil, « Avec le temps » du grand Léo, « Pour une amourette » de Lény Escudero, « La tendresse » de Patricia Carli pour Daniel Guichard, « Quand on n'a que l'amour » de Brel ; à moins que ce ne soit la dernière : « J'ai rendez-vous avec vous » de Brassens, « Les Don Juan » de Nougaro, « Les jeunes loups » d'un météore talentueux, Jean-Claude Annoux et la superbe « Ma plus belle histoire d'amour c'est vous » de Barbara.

Le titre du morceau n'y figure toutefois pas obligatoirement. Il arrive que l'auteur préfère trouver un mot ou une phrase en dehors de son texte mais qui caractérise parfaitement sa chanson ou, en tout cas, lui semble plus apte à en résumer ou à en évoquer le sujet. Quelques exemples : « Le

© Groupe Eyrolles

---

1. « Propos sur le métier », interview de 1963.

déserteur » de Vian, « Supplique pour être enterré sur la plage de Sète » de Brassens, « Le moribond » de Brel, « Cauchemar psychomoteur » d'Hugues Aufray et Delanoë, d'après Dylan, « Les élucubrations » d'Antoine, « Sarah » de Georges Moustaki pour Serge Reggiani, « Dialogue » de Maxime Le Forestier, « Les divorcés » de Michel Delpech et Jean-Michel Rivat, « Miss Maggy » de Renaud et un standard mondial, le fameux « Hymne à l'amour » de Piaf.

Il faut alors que le public puisse identifier le titre à la chanson. *A priori*, s'agissant de Sarah, par exemple, cela n'était pas évident car ce prénom, qui est certainement celui de la personne dont Moustaki parle dans son texte, n'y apparaît jamais :

> *La femme qui*
> *Est dans mon lit*
> *N'a plus vingt ans*
> *Depuis longtemps,*
> *Les yeux cernés*
> *Par les années,*
> *Par les amours*
> *Au jour le jour,*
> *La bouche usée*
> *Par les baisers,*
> *Trop souvent mais*
> *Trop mal donnés...*

« Sarah », Georges Moustaki, 1974

Pas une seule fois, le prénom en question n'est cité. L'auteur ne nous donne donc pas la clé, et pourtant, nous, public, avons fait sans difficulté le rapprochement entre « Sarah » et la femme à qui il est rendu hommage :

> *Et c'est son cœur,*
> *Couvert de pleurs*
> *Et de blessures*
> *Qui me rassure...*

Nous sommes d'autant plus touchés, je crois, que nous voyons de la pudeur dans le fait que le créateur de l'œuvre ne nous livre pas nommément l'objet de ses tendresses et, vous l'avouerez, cette chanson est infiniment tendre.

Ce qu'il faut, c'est que les gens puissent, d'une façon ou d'une autre, faire le rapprochement entre la chanson et son titre. S'ils sont incapables de l'identifier, ils peuvent avoir la tentation de « passer à autre chose », découragés de ne pas trouver à la FNAC ou sur un site de téléchargement (légal, je me répète…), le morceau qu'ils y cherchent…

Je crois qu'on peut se tromper de titre ou, en tout cas, être contraint d'en donner un qui ne facilite pas la tâche du public si celui qu'on avait prévu est, par exemple, déjà pris. C'est le cas, entre autres, de « Parlez-moi de lui » de Jean-Pierre Lang et Hubert Giraud, qui s'appelle, en réalité, « Il ne pense qu'à toi » (mais qui le sait ?…) et de « Viens à la maison » (Jean-Michel Rivat, Frank Thomas, Jean-Pierre Bourtayre) dont le titre déposé à la SACEM (et, par conséquent, figurant sur le disque…) est… « Y a le printemps qui chante » Avouez qu'il faut le deviner !…

Dassin, je vous l'ai déjà confié, était un emmerdeur, pinailleur, vétilleux au possible. Un certain nombre de fois, il m'a « lutté », comme on dit à présent, sur les titres :

Pour la chanson qui s'intitule « La fleur aux dents » et dont le refrain est :

> *Il y a les filles dont on rêve*
> *Et celles avec qui l'on dort,*
> *Il y a les filles qu'on regrette*
> *Et celles qui laissent des remords,*
> *Il y a les filles que l'on aime*
> *Et celles qu'on aurait pu aimer*
> *Puis un jour, il y a la femme qu'on attendait...*

« La fleur aux dents », Claude Lemesle, Joe Dassin, 1970

… Joe est allé dénicher la phrase titre – dont vous ne verrez pas trace dans le refrain même si vous le relisez dix fois !… – dans le sixième vers du premier couplet… Aujourd'hui encore – trente-sept ans après la date de sa sortie ! –, il y a des gens qui n'identifient pas la chanson à son titre…

Pour « Salut les amoureux », c'est au contraire dans la dernière strophe du dernier couplet qu'il a trouvé celui-ci, qui ne figure pas dans le refrain (déjà cité page 45).

Cela n'a pas dû, non plus, faciliter la reconnaissance de la chanson…

En ce qui concerne le joyeux panégyrique de la bicyclette citadine qui disait, d'une façon parfaitement prémonitoire :

> *Dans Paris, à vélo,*
> *On dépasse les autos,*
> *À vélo, dans Paris,*
> *On dépasse les taxis…*
>
> « La complainte de l'heure de pointe », Ricky Dassin – Claude Lemesle, Juwens-Deane 1972

… notre « bourreau d'auteurs » américain, horrifié à l'idée que l'on puisse trouver sa chanson « cucul », n'accepta de la chanter qu'à condition qu'elle s'appelle « La complainte de l'heure de pointe ». Ce qui fut fait… mais qui le sait ?…

Toutes ces histoires de titres pour vous en indiquer l'importance. Le titre est, en quelque sorte « l'enseigne » de votre chanson, son premier slogan. Il va donner envie de l'écouter – ou non… Je me souviens de ma réaction lorsque j'ai découvert que Guy Béart avait dans son nouveau disque un morceau intitulé « Parlez-moi de moi, y a qu'ça qui m'intéresse[1] »… Je me suis précipité pour l'acheter… et je n'ai pas été déçu. C'est d'ailleurs la même chose dans bien des domaines artistiques ; en entendant un soir une interview radio de Jean Yanne où celui-ci annonçait son prochain film appelé *Deux*

---

1. Déjà cité page 131.

heures moins le quart avant Jésus-Christ, je n'ai plus eu qu'une hâte : aller le voir quand il sortirait. Là, en revanche, j'ai trouvé que l'œuvre définitive était un peu en deçà des promesses du titre. Question de goût, bien sûr, d'autres l'ont sans doute trouvée géniale.

En définitive, j'ai souvent eu l'occasion de remarquer que lorsqu'un auteur peine à intituler son texte, c'est que celui-ci manque soit d'une phrase clé, d'une phrase assez forte pour être mise en exergue (« Le temps des cerises », « Quand les hommes vivront d'amour » ou « Le plus fort, c'est mon père », par exemple), soit d'un projet clair, d'une ligne directrice lisible et susceptible de se résumer en une formule titre (« En revenant de la revue », « Les prénoms de Paris » ou « La ballade de Jim », etc.). Quand un des jeunes de l'atelier me prévient, avant de me lire son texte : « Claude, je n'ai pas trouvé de titre », la réponse est la même, invariablement : « C'est mauvais signe… » Et nous vérifions presque toujours, à la lecture, qu'il lui manque la phrase essentielle ou la clarté.

Boileau, là encore (*Art poétique,* bravo, vous avez gagné !…) :

> *Ce qui se conçoit bien s'énonce clairement*
> *Et les mots pour le dire arrivent aisément…*

Art poétique, Nicolas Boileau-Despreaux, 1674

L'émotion ? Ni abstraction ni flonflon mais des racines et de la sève

La plupart des premières chansons, comme la plupart des premières œuvres, donnent dans l'autobiographie et exposent des états d'âme. Rien ne semble plus facile à faire tant l'auteur se sent porté par un « ressenti » personnel et sincère ; rien n'est, en définitive, plus difficile à faire passer parce que les sentiments en question y sont presque toujours traduits d'une façon abstraite et floue. C'est là un piège dans lequel tombent beaucoup de paroliers débutants. Sous prétexte qu'ils se comprennent, ils sont sûrs qu'on va les comprendre. Persuadés que l'émotion se transmet d'elle-même, sans aucun effort de créativité, incapables de la

141

traduire autrement qu'à travers des mots trop vastes et trop vagues (rêve, amour, espoir, tristesse, tendresse, chagrin, passion, solitude, etc.), ils laissent le public à quai et embarquent seuls pour un voyage inutile. Or, lorsqu'il manie des formulations abstraites, l'auteur, seul, sait ce qui se cache d'émotion derrière. L'auditeur est parfaitement incapable de le deviner et ne peut qu'y rester insensible. Même lorsque les sentiments sont extrêmement personnels, il faut faire les efforts de clarté et de formulation nécessaires pour que les gens puissent vibrer à leur tour. Quoi de plus intime, de plus déchirant que le poème de Victor Hugo dédié à sa fille tragiquement disparue, Léopoldine, « À Villequiers » ? Et pourtant, quelle simplicité lumineuse à travers ces images concrètes :

> *Je ne regarderai ni l'or du soir qui tombe,*
> *Ni les voiles au loin descendant vers Harfleur*
> *Et quand j'arriverai, je mettrai sur ta tombe*
> *Un bouquet de houx vert et de bruyère en fleur.*

« À Villequiers », *Les Contemplations*, Victor Hugo, 1858

Ces quelques vers sont, dans leur pudeur, un superbe exemple d'émotion partagée. Le troisième couplet de « Ne me quitte pas » ne peut que nous toucher :

> *Ne me quitte pas,*
> *Je ne vais plus parler,*
> *Je ne vais plus pleurer,*
> *Je me cacherai là,*
> *À te regarder*
> *Danser et sourire*
> *Et à t'écouter*
> *Chanter et puis rire*
> *Laisse-moi devenir*
> *L'ombre de ton ombre,*
> *L'ombre de ta main,*
> *L'ombre de ton chien…*

« Ne me quitte pas », Jacques Brel, 1959

Rien de plus personnel, chacun en conviendra, on sent cette souffrance bien réelle (on connaît même la personne pour qui Jacques a écrit cette chanson) et pourtant tout le monde peut la faire sienne dans la mesure où l'auteur n'a pas cédé à la tentation des formules délétères et nous a embarqué avec lui dans la vérité tangible d'un moment de sa vie. Si vous pouviez retenir une chose de ce modeste essai, que ce soit celle-ci : ne vous contentez pas de vos états d'âme, mettez vos sentiments en situation, que votre chanson soit réaliste :

> *Avec le temps,*
> *Avec le temps, va, tout s'en va,*
> *Même les plus chouettes souvenirs, ça t'a une de ces gueules*
> *À la galerie j'farfouille dans les rayons d'la mort,*
> *Le samedi soir, quand la tendresse s'en va toute seule...*

« Avec le temps », Léo Ferré, 1971

Ou poétique :

> *Pour monter dans sa grotte*
> *Cachée sous les toits,*
> *Je dois clouer des notes*
> *À mes sabots de bois,*
> *Je l'aime à mourir...*

« Je l'aime à mourir », Francis Cabrel, 1972

Entendons-nous bien. Ce souci de clarté n'est pas forcément synonyme d'évidence. Un certain nombre de textes *a priori* hermétiques (« La mémoire et la mer » de Ferré, par exemple) nous touchent, au-delà de la compréhension immédiate par un foisonnement d'images et de sensations, une richesse de trouvailles et une puissance de souffle auxquels beaucoup d'entre nous sont sensibles, à la façon d'« El Desdichado » de Nerval :

> *Je suis le Ténébreux, – le Veuf, – l'Inconsolé,*
> *Le Prince d'Aquitaine à la Tour abolie :*

Ma seule Étoile est morte, – et mon luth constellé
Porte le Soleil noir de la Mélancolie.

« El Desdichado », *Les Chimères*, Nerval, 1854

Nous sommes là dans une sorte d'« impressionnisme » verbal proche du surréalisme, mais pas dans le « flou » artistique évoqué précédemment. Nous sommes aussi dans un domaine réservé aux très grands. Ni vous (sauf révélation ultérieure, pourquoi pas ?) ni moi (ça, c'est avéré !…) n'en faisons partie.

Je n'oublie pas non plus les chansons subtilement délirantes que Boris Bergman et Jean Fauque ont écrites avec Alain Baschung[1] ni celles, bien sûr, déjà largement évoquées de Boby Lapointe. Encore une fois, il ne s'agit pas de cela, vous l'aurez bien compris. Mon unique souci est de pointer l'inconsistance d'un certain nombre de textes auxquels manquent, faute de travail, des racines et, faute d'imagination, de la sève.

Attention également à ne pas vous perdre en route, à rester cohérent, à ne pas passer, comme on dit, du coq à l'âne. Vous risquez d'égarer votre auditeur qui, après une ou deux digressions injustifiées, va finir par décrocher et descendre en marche. L'art, c'est bien connu, a besoin de rigueur, ce qui ne veut pas dire rigidité, et le théâtre français ne s'est jamais si bien porté qu'à l'époque de la règle des redoutables « trois unités ».

Faut-il faire long, faut-il faire court ?

Là, je crois que c'est comme on le sent. Il y a de très bonnes chansons de deux minutes et de très mauvaises. À l'autre extrémité, « Non, je

---

1. Dont, d'ailleurs, les images les plus folles s'appuient toujours sur des mots concrets : *« J'ai crevé l'oreiller, j'ai dû rêver trop fort… »* (« Vertige de l'amour », Boris Bergman, Alain Bashung) ou *« À l'arrière de berlines, on devine, les monarques et leurs figurines »* (« Osez Joséphine », Jean Fauque, Alain Bashung).

n'ai rien oublié », d'Aznavour est un chef-d'œuvre de plus de sept minutes et d'autres du même calibre sont insipides. Alceste le dit à Oronte : « *Le temps ne fait rien à l'affaire.* » Là encore, il a raison[1]... Une petite histoire, puisque, apparemment, vous aimez ça : Alice Dona invite chez elle pour le réveillon de Noël des amis dont Serge Lama et Georges Brassens. Au bout de quelques heures et de quelques bouteilles – au gui l'an neuf et à votre santé ! –, les langues s'échauffent passablement et voilà que Serge, qui est pourtant la crème des hommes, attaque Georges sur la longueur de « La supplique pour être enterré sur la plage de Sète »... Brassens, d'abord décontenancé puis plutôt vexé, entreprend alors de réciter son texte vers par vers à Lama et s'arrête à la fin de chaque couplet en l'interpellant : « Et celui-là, tu l'enlèves ?... » « Non », répond l'autre, à chaque fois, penaud... Et ainsi de suite jusqu'à la dernière strophe à la fin de laquelle l'auteur de la chanson incriminée triomphe modestement, ce qui ne l'empêchera pas d'appeler le lendemain mon amie Alice[2] et de lui lancer : « Dis donc, ton copain, il m'emmerde !... » Georges avait raison : dans la supplique, décidément, il n'y a « rien à jeter ».

Faites parfois le pont

Lorsque cela vous semble nécessaire, lorsque l'alternance couplet-refrain vous paraît créer un effet plutôt monotone, vous pouvez rajouter un « pont », c'est-à-dire un couplet supplémentaire sur une autre mélodie. Par exemple : « *You'll be older too...* » dans « When I'm sixty-four » des Beatles, ou « *Mais les femmes toujours ne ressemblent qu'aux femmes* » dans « La ville s'endormait » de Brel. Ou encore dans

---

1. Je sais parfaitement que Molière parle là du temps qu'Oronte a passé à écrire son poème, mais c'est bien évidemment tout aussi valable pour la durée d'une chanson.
2. Alors qu'il avait horreur du téléphone.

la plus vieille chanson française dont, à ma connaissance, on sait qui l'a signée, le fabuliste Florian et le compositeur Martini (à consommer avec modération… !) :

> *Tant que cette eau coulera doucement*
> *Vers ce ruisseau qui borde la prairie,*
> *Je t'aimerai, me répétait Sylvie,*
> *L'eau coule encore, elle a changé pourtant…*

« Plaisir d'amour », Florian – Martini, 1780

Un pont peut être une jolie façon d'aérer votre chanson ou une manière astucieuse de la faire rebondir. Encore un exemple pour tenter de vous convaincre ?

> *Oh ! Le joli conte que voilà,*
> *La biche en femme se changea… ah ah ah ah…*

« Le loup, la biche et le chevalier », Henri Salvador, Maurice Pon, 1955

Et gare aux erreurs sans essai transformé !

Attention aux petites fautes bêtes. Les répétitions, par exemple. Il en est de volontaires et d'heureuses :

> *Et l'enfant qui rêve*
> *Fait des rêves d'or.*

« Les djinns », Victor Hugo

> *… Si elles dansent, c'est parce qu'elles ont vingt ans,*
> *Et qu'à vingt ans, il faut se fiancer,*
> *Se fiancer pour pouvoir se marier*
> *Et se marier pour avoir des enfants…*

« Les Flamandes », Jacques Brel, 1959

Et, si je peux me permettre de me citer :

> *On allumait une cigarette*
> *Et tout s'allumait.*

« L'équipe à Jojo », Claude Lemesle, 1970

Mais il en est aussi qui sont dues à l'inattention de l'auteur et qui font véritablement tache dans le texte. Celles-là, autant se relire pour les éviter. Il faut d'ailleurs reconnaître que sur un sujet donné, il est parfois difficile de ne pas retrouver les mêmes mots. Dans ce cas, il n'est pas inutile d'avoir à sa portée un dictionnaire des synonymes ou un dictionnaire analogique afin de pouvoir varier son vocabulaire.

Il n'est pas mauvais non plus d'avoir à sa disposition un dictionnaire de la langue française, ne serait-ce que pour vérifier certaines conjugaisons, certaines expressions, certaines acceptions… On peut s'éviter, ce faisant, quelques fautes qu'on regrette toujours par la suite (comme une erreur de script dans un film, vous savez, quand le type rentre dans l'ascenseur avec une cravate bleue et qu'il en ressort avec une cravate rouge !…). Un simple coup d'œil à *Larousse*, au *Robert* ou à un de leurs honorables confrères peut éviter à l'auteur quelque honte rétrospective.

Attention aussi à ne pas abuser des adjectifs – conseil récurrent dans d'autres domaines de l'écriture… Une image est souvent plus parlante. Songez au passage déjà cité de Brel :

> *Une maison qui se déhanche*
> *Une maison qui se tirebouchonne*
> *Et qui pleure à grosses planches…*

« Le gaz », Jacques Brel, Gérard Jouannest, 1967

C'est quand même mieux que : une maison bancale, mal fichue et pas très étanche… On gagne presque toujours à montrer au lieu de qualifier…

On gagne aussi, souvent, à montrer plutôt qu'à démontrer, à laisser le public tirer ses propres conclusions d'une histoire ou d'un propos, à ne pas le prendre pour un imbécile. Ainsi Cabrel dans « La corrida », « Carte postale » ou « Répondez-moi » dresse-t-il un constat sans moraliser ni pontifier. Il laisse son auditeur, qui en est tout aussi capable que lui, se constituer sa propre opinion et Souchon ne fait pas autrement dans « Et si en plus y a personne »…

Attention aux mots faibles et, en particulier, au plus faible d'entre eux, le verbe faire qui veut tout et rien dire, que l'on met à toutes les sauces et dont il ne faut pas, mais alors surtout pas, abuser.

Attention aux élisions. Certains auteurs les réprouvent, Charles Aznavour, entre autres. Certains, en revanche, les pratiquent parce qu'elles sont sans doute plus proches de leur langage naturel, comme Renaud qui, par exemple, dans « Laisse béton » ne prononce pas le e muet ou comme Gainsbourg parce qu'il joue un rôle où l'apostrophe s'impose : « *J'suis l'poinçonneur des Lilas.* » Cependant, toutes les élisions ne fonctionnent pas. Certaines sont imprononçables, comme « en septembr'tu viendras » ou bien « la vitr'que j'ai cassée »… Là, il vaut mieux éviter. Tout comme il vaut mieux éviter certains hiatus trop dissonants : « J'ai vu une fille » ou « Lui il va à Rome »… Cependant, il ne faut pas être trop tatillon dans ce domaine et personne ne tiendra rigueur à Ferré d'avoir écrit dans « Avec le temps » : « *On oublie les visages et on oublie les voix.* » « Et l'on oublie les voix » n'aurait pas été dans le ton de cette sublime chanson et il faudrait être bien snob pour lui reprocher l'absence de ce « l' ».

Attention aussi aux pléonasmes, aux « descendre en bas », « monter en haut », « marcher à pied », à la chère « panacée universelle ». Et pardon à deux de mes amis, auteurs talentueux et charmants, coupables de la plus belle lapalissade de la chanson française : « De nouveau, on me quitte encore… »

Attention, enfin : on va écrire !… Vous êtes prêtes, vous êtes prêts ?…

Allez… quelques gammes, il est temps… !

Dans ce chapitre, j'aimerais vous proposer un certain nombre de petits « exercices » qui peuvent vous permettre de vous améliorer techniquement. En effet, la maîtrise de la forme donne toujours plus de liberté sur le plan du fond. Le pianiste, lorsqu'il se livre à une interprétation inspirée de Chopin ou de Liszt, ne regrette jamais les heures passées à faire des gammes. Pour mieux se familiariser avec les aspects astreignants, voire rébarbatifs de l'écriture, autant les pratiquer sans paresse et sans complexes… Quelle joie, ensuite, quand on a le sentiment de les dominer !… Mais tout cela est une longue patience.

À vos rimes !

En ce qui concerne la rime, avec mes élèves, nous pratiquons un petit jeu appelé « citron ». De quoi s'agit-il ? D'écrire, tout simplement, un quatrain autour de quatre rimes imposées. Cela permet de trouver des chemins originaux tout en tentant de rester le plus naturel possible malgré la contrainte des mots obligatoires. Pourquoi « citron », me direz-vous ? Parce que la première fois que nous nous sommes livrés à ce genre de « sport », le premier mot que j'ai pointé du doigt dans le dictionnaire était « citron » !… À vrai dire, ce petit défi littéraire n'a rien de très original : il reprend le principe des bouts-rimés inventé, paraît-il, par un poète du XVIIe siècle, Didot, pratiqué par Molière lui-même et très en vogue au XVIIIᵉ. On se souvient, d'ailleurs, de la fameuse scène du film *Ridicule* de Patrice Leconte où il est l'occasion d'une véritable et terrible joute poétique. Dumas, au siècle suivant, tentera de le relancer avec un certain succès. C'est un petit jeu assez amusant et utile pour essayer de domestiquer la rime et de rester naturel malgré sa contrainte.

Dans notre version de cet exercice, il faut que les deux premiers mots soient choisis au hasard (nous adoptons un système de rimes croisées) et les deux autres, donc, pour la rime (le troisième avec le premier et le quatrième avec le second…). Pour être plus clair, essayons : dans le livre que j'ai sur ma table de chevet actuellement (une biographie de Diderot), je pose mon index droit, au hasard, sur un premier mot. Bon, il s'agit d'« emploi » ! D'accord… Ensuite, j'en pointe un deuxième : « compatriote »… Pas facile, d'autant que ça « bouffe » quatre syllabes… Je demande ensuite à mon épouse de me lancer une rime à « emploi ». Elle choisit « émoi »… Merci du cadeau !… Et pour « compatriote », elle me propose « note ». Bien, je me donne dix minutes…

Résultat des courses :

> *Oui, j'ai changé d'emploi,*
> *Mes chers compatriotes,*
> *Contemplez mon palais, constatez mon émoi,*
> *Je vous joue du pipo et vous paierez la note…*

Pas terrible, je vous l'accorde… Mais j'ai respecté le contrat, et le chemin entre les mots imposés n'est pas trop tiré par les cheveux… Allez, à votre tour d'essayer. Vous avez dix minutes…

O. K. ?… Vous pouvez m'envoyer vos quatrains, si vous le souhaitez. Vous pouvez aussi répéter, vous imposer ce petit challenge à l'infini. Vous verrez que cela peut vous aider à mieux négocier la rime, à en subir la contrainte tout en restant drôle ou même, pourquoi pas, émouvant… Je me lance à nouveau (et tant pis… ou tant mieux pour mes détracteurs) :

> *Dans le pays des sans-emploi,*
> *J'ai beaucoup de compatriotes*
> *Mais cela ne met en émoi*
> *Que quelques chiens errants, et quelques croque-notes…*

Trouvez des chemins

Un autre exercice assez instructif que nous pratiquons avec mes jeunes auteurs est celui qui consiste à trouver un chemin pour relier, par exemple, un vers classique *« C'était pendant l'horreur d'une profonde nuit… »* (Jean Racine, *Athalie*, Acte II, scène V) et un autre d'une chanson contemporaine, allez, au hasard : « Il faut voir comme on nous parle, comme on nous parle… (« Foule sentimentale, Alain Souchon). Cela ne manque ni de charme ni d'intérêt, malgré d'évidentes difficultés.

Travaillez votre accent tonique, trouvez des mots sur la musique

Voilà pour les « citrons » et les chemins… Maintenant, pour travailler le rapport mot/musique et, en particulier, l'accent tonique, vous pouvez tenter la méthode qu'avait utilisée Serge Lama pour sa chanson « Une île » (calée sur « La quête » de Brel), c'est-à-dire écrire sur une mélodie préexistante, quelle qu'elle soit, classique, contemporaine, jazz, rock, anglaise, latine, américaine, française, j'en passe… Essayez, en particulier, les chansons des Beatles, sans forcément les traduire, en les adaptant : c'est difficile et délicieux, vous m'en direz des nouvelles !

Et en plus difficile, exercez-vous au jeu du « texte piégé »

Si vous cherchez des sensations plus fortes, des joies plus techniques, je vous propose le jeu du « texte piégé » que j'ai déjà évoqué[1]. Mon ami Norbert Glanzberg disait avec sa « gentillesse » acerbe et coutumière : « Vous, les auteurs français, vous avez de la merde dans les oreilles !... » Eh bien là, je les ai tous surclassés !... Même le plus nul d'entre eux est absolument incapable d'écrire un texte tombant plus mal sur la musique (en l'occurrence, celle des « Champs-Élysées ») que le mien. Tout y est : accents toniques à l'envers, césures mal faites, e muets criards, élisions intempestives, sans compter les hiatus, les pléonasmes et je n'en jette plus, au secours… appelez le SAMU des auteurs : vous ! Effectivement, vous allez devoir, si cela vous amuse, remettre toute l'accentuation à l'endroit et supprimer le maximum de fautes en gardant, bien sûr, le plus de mots possibles de ma version, sinon ce ne serait pas drôle !... Voici ce chef-d'œuvre. Accrochez-vous !... (Pour le fun, je souligne les endroits où sont placés les accents dans cette « merveille ») :

> *Reviens, ma belle.*
> *I*
>
> *Elle était petite et vive*
> *Et extrêmement naïve,*
> *La revoir un jour à Agde,*
> *Oui, c'est mon rêve…*
> *Je la retenais par la main*
> *Mais ce n'était qu'un mirage,*
> *Je revois un pâle sourire sur ses lèvres.*
>
> *Refrain :*
> *Reviens, ma belle,*
> *Reviens, ma belle,*
> *Revivre le livre*
> *De nos heureux moments qui*
> *Ont à Agde des relents de mélancolie…*

---

1. P. 55.

II
Agde, c'est géant en octobre
Quand l'automne a mis sa robe,
Sa jolie beauté m'envahis-
-Sait le cœur et l'âme.
L'soir je revenais demi-ivre
Ell' me l'reprochait, invectives
Qui me refaisaient tellement mal que j'recommençais.

Atroce, n'est-ce pas ?… Alors, à vous de jouer, maintenant, pour que ça devienne écoutable. Il y a du boulot !… Attention, comme promis plus tôt, je répondrai à tous les textes corrigés que vous m'enverrez. Bonne chance, donc, et vive l'accent tonique bien placé !…

Butinez… Butinez… Préparez le miel – ou le fiel ! – de vos paroles…

N'hésitez pas à écouter beaucoup de chansons, de tous les styles, de toutes les époques, dans toutes les langues. J'ai remarqué tout au long de mon voyage dans cet artisanat que les « grands » étaient tous des amoureux fous de textes et de musique et que tous connaissaient par cœur un nombre impressionnant de chansons, à commencer par Brassens. Nourrissez-vous, lisez et écoutez sans relâche, observez, soyez à l'affût. La création ne se fait pas *ex nihilo*. Butinez… Butinez… Préparez le miel – ou le fiel ! – de vos paroles…

Et pourquoi pas une chanson entière sans adjectif qualificatif ?

Pour revenir aux petits « jeux » instructifs (du moins, je l'espère !…), vous pouvez essayer de relever un autre défi amusant : écrire une chanson entière sans adjectif qualificatif. Vous verrez, ce n'est pas si difficile que cela et vous serez vous-mêmes étonnés de constater à quel point on peut s'en passer sans nuire du tout à la qualité des images... bien au contraire !

Puis le jeu du « portrait »

Afin de rendre votre trait plus concret, de travailler les sensations, la précision des formules, essayez aussi de vous livrer à l'exercice suivant : écrivez un texte versifié, une chanson, si possible, en décrivant un personnage, un lieu, une œuvre, etc., et faites lire ou écouter le résultat de votre travail à des amis, à votre famille ou – encore mieux ! – à des inconnus, sans préciser de qui ou de quoi il s'agit. S'ils le devinent, c'est que vous tenez le bon bout !...

Un peu de brosse à reluire, le coup de fouet de la satire, tous les genres sont dans la nature

Tâtez aussi du panégyrique, louez excessivement quelqu'un à travers un texte plus ou moins ironique, tentez le pamphlet, la satire, forcez le trait ou retenez-le, essayez de balayer l'ensemble des nuances et de passer par toutes les humeurs. La vie n'est pas unicolore, vos chansons ne doivent pas l'être non plus...

Vous pouvez également prendre le titre d'un morceau que vous aimez et vous efforcer de le développer à votre manière. Même si l'œuvre initiale vous intimide, même si vous ne vous sentez pas à la hauteur, relevez le gant, *improve yourself,* vous devez vous dépasser pour arriver à devenir vous : un auteur avec un style, c'est-à-dire un être avec un univers.

« Travaillez, prenez de la peine… Creusez, fouillez, bêchez »

Mais pour y parvenir, travaillez, travaillez, travaillez, faites vos gammes. Pas de Rubinstein sans Czerny. Pas de virtuose sans humilité. Le chemin est long mais le jeu en vaut la chandelle !...

154

Puisqu'il faut bien conclure...

J'ai longtemps cru impossible d'écrire un tel ouvrage. Je me disais que seule la transmission orale avait des chances de fonctionner dans le domaine où j'avais l'impression de pouvoir être utile. Cela s'est effectivement vérifié année après année dans le cadre de l'atelier. Mon expérience, tout ce que j'avais pu apprendre auprès de mes collaborateurs et au fil de mes rencontres ont, en général, eu l'air d'aider ceux qui m'ont fait confiance. Aussi, petit à petit, l'idée d'un livre s'est dessinée puis, sous la pression tendre de ma femme et amicale de certains de mes élèves, elle s'est peu à peu imposée, malgré mes réticences.

Ai-je eu tort, ai-je eu raison ?... C'est à vous de me le dire. Mon unique but, en écrivant ces quelques pages aura été de transmettre le témoin à de plus jeunes, plus inexpérimentés et peut-être plus doués que moi. Il serait dommage, me semble-t-il, que toutes ces informations glanées sur le « tas », sur le terrain, auprès de gens la plupart du temps formidables, disparaissent avec moi *« quand le dieu qui partout me suit / Me dira, la main sur l'épaule : / Va-t-en voir là-haut si j'y suis... »* (Georges Brassens, « Le testament »).

Jadis, l'artisan formait ses cadets à travers le compagnonnage. C'est quelque chose de ce type que j'ai tenté. Certains en feront, je l'espère, leur profit. D'autres – je m'en doute mais ne le redoute pas – vont se gausser au nom du « sacro-saint talent qui ne s'apprend pas »... Qu'ils se gaussent !... Jules Claretie disait : *« Tout homme qui fait quelque chose a contre lui ceux qui voudraient faire la même chose, ceux qui font précisément le contraire et surtout la grande masse des gens beaucoup plus sévères qui ne font rien...* » J'ai remarqué, d'ailleurs, tout au long de cette « heureuse mise en quarantaine », que les chansons qui duraient étaient toutes, selon la formule de Brassens, des « chansons bien faites ». On peut en aimer certaines, être indifférents à d'autres, voire les rejeter, on ne peut en général nier qu'elles sont les œuvres de bons artisans. Perennité et qualité vont presque toujours ensemble.

Bien sûr, sans la passion, la façon n'est rien. Cette passion, je l'ai, mais je ne suis pas certain qu'elle soit contagieuse. Alors, autant tenter d'inoculer le reste…

J'entendais encore, juste avant d'écrire ces toutes dernières lignes, Pierre Perret, l'un de nos artistes les plus joviaux et les plus imaginatifs, confier à Philippe Bouvard à quel point il en « bavait » avant de venir à bout d'une chanson. J'ai pensé à tous ceux qui vont en baver après nous et imaginé que ces quelques pages pourraient leur faire gagner du temps. S'il en est quelques-uns pour lesquels cela se vérifie, cette petite compilation de quarante années d'amour et de doutes n'aura pas été tout à fait inutile.

Glossaire

Accent tonique : Temps fort du mot, par exemple la syllabe chan dans « Je chante » ou la syllabe teau dans chateau.

Alexandrin : Vers de douze syllabes.

Allitération : Redoublement, répétition d'une même consonne ou de deux consonnes proches (d et t, par exemple).

Assonance : Seule répétition de la voyelle tonique ou de celle-ci accompagnée d'une autre voyelle (ai-au-eu-oi-ou, etc.), d'un m ou d'un n (am, an, em, en, im, in, etc.), les consonnes de la syllabe féminine étant différentes (ogre et octobre, femme et calme, libre et vivre, humble et simple, élève et lèvre, brume et brune, décembre et ensemble, septembre et tendre, etc.).

Brève : Syllabe que l'on prononce rapidement.

Compositeur : Auteur de la musique d'une chanson.

Couplet : Partie de la chanson qui se modifie.

Demi-alexandrin : Vers de six syllabes.

Élision : Substitution d'une apostrophe à une voyelle devant une autre voyelle (exemple : « J'ai deux amours »), un h muet (exemple : « Le déjeuner sur l'herbe ».) ou parfois une autre consonne (exemple « J'suis snob ») dans un langage plus familier.

E muet : Dernière voyelle de toutes les rimes féminines. En poésie, l'e muet ne compte pas en fin de vers.

Hémistiche : La moitié d'un vers de plus de huit syllabes.

Hiatus : Succession de deux voyelles appartenant à des syllabes différentes.

Leitmotiv : Phrase récurrente.

Longue : Syllabe, voyelle que l'on prononce lentement.

Métrique : Tout ce qui fait qu'une phrase ou une partie de phrase est un vers, en particulier son rythme et le nombre de ses syllabes.

Octosyllabe : Vers de huit syllabes.

Parolier : Auteur des paroles d'une chanson.

Pied : S'emploie abusivement de nos jours comme synonyme de syllabe. Il s'agit en réalité d'un groupement de syllabes formant dans le vers une unité rythmique, par exemple, dans les poésies grecque et latine :

1. Le dactyle : une longue, deux brèves ;

2. L'anapeste : deux brèves, une longue ;

3. L'iambe : une brève, une longue ;

4. Le trochée : une longue, une brève ;

5. Le spondée : deux longues ;

6. Le tétraque : trois brèves.

Pléonasme : Le fait de dire deux fois exactement la même chose. Exemple : achever complètement.

Quatrain : Ensemble de quatre vers.

Rap : « Rythm and Poetry » ou « Rock against Police ». Texte scandé sur des musiques rythmées à vocation souvent contestataire.

Refrain : Partie de la chanson qui ne change pas.

Rime : Jeu d'homophonie entre des syllabes de fin de vers. Exemple : « amour » et « toujours » (eh ! oui...).

Rime féminine : Rime se terminant par un e muet.

Rime masculine : Toutes les autres.

Rime riche : « Qui comporte trois éléments vocalistiques ou consonantiques communs », c'est-à-dire quand deux syllabes riment intégralement ; par exemple : paître et champêtre ou chemin et parchemin.

Scansion : Le fait de scander un vers.

Slam : Art populaire consistant à déclamer des vers en public (dans un bar, sur une scène ouverte etc.) parfois sous forme de joute oratoire. Il a révélé de grands talents d'auteur tels que Grand Corps Malade ou Abd al Malik.

Temps fort : Voir « accent tonique ».

Tercet : Ensemble de trois vers.

Verbe défectif : Verbe qui ne se conjugue pas à tous les temps ou à toutes les personnes. Exemple : « Il pleut ».

Vers : Phrase d'un poème soumise à des contraintes métriques et, la plupart du temps dans la chanson, à la rime.

Vers impair : Vers de 1, 3, 5, 7, 9, 11, 13 syllabes et ainsi de suite (vous pouvez essayer 37... mais c'est très dur !).

Vers pair : Vers de 2, 4, 6, 8, 10, 12, 14 syllabes (on peut s'arrêter là mais « Les Vieux » de Brel sont écrits en vers de 18 !).

Index des chansons et poèmes cités

Index des noms propres

Index général

Composé par Sandrine Escobar